LES BASTIONS DE L'EST

LE GÉNIE DU RHIN

PAR

MAURICE BARRÈS

DE L'ACADÉMIE FRANÇAISE

PARIS

LIBRAIRIE PLON

PLON-NOURRIT ET Cⁱᵉ, IMPRIMEURS-ÉDITEURS

8, RUE GARANCIÈRE — 6ᵉ

Tous droits réservés

LE GÉNIE DU RHIN

Ce volume a été déposé au ministère de l'intérieur
en 1921.

DU MÊME AUTEUR

CHEZ LE MÊME ÉDITEUR

DANS LA SÉRIE DES OEUVRES COMPLÈTES

Édition in-8° écu limitée à 1150 exemplaires numérotés
20 exemplaires sur papier de Chine;
30 exemplaires sur papier de Hollande;
1100 exemplaires sur papier pur fil.

Les Déracinés...................... 2 vol.
Chronique de la Grande Guerre.
   I. (1er février-4 octobre 1914)........... 1 vol.
   II. (14 octobre-31 décembre 1914)........ 1 vol.
Le Jardin de Bérénice.............. 1 vol.
Le Génie du Rhin.................. 1 vol.

EN PRÉPARATION :

Chronique de la Grande Guerre.
   III. (1er janvier-11 mars 1915.)........... 1 vol.
Du Sang, de la Volupté et de la Mort.... 1 vol.
   Etc., etc.

DANS L'ÉDITION IN-16 DOUBLE COURONNE
sur papier ordinaire

Le Génie du Rhin.................. 1 vol.

PARIS. TYP. PLON-NOURRIT ET Cie, 8, RUE GARANCIÈRE. — 25901.

LE GÉNIE DU RHIN

PAR

MAURICE BARRÈS

DE L'ACADÉMIE FRANÇAISE

PARIS

LIBRAIRIE PLON

PLON-NOURRIT ET Cⁱᵉ, IMPRIMEURS-ÉDITEURS

8, RUE GARANCIÈRE — 6ᵉ

PRÉFACE

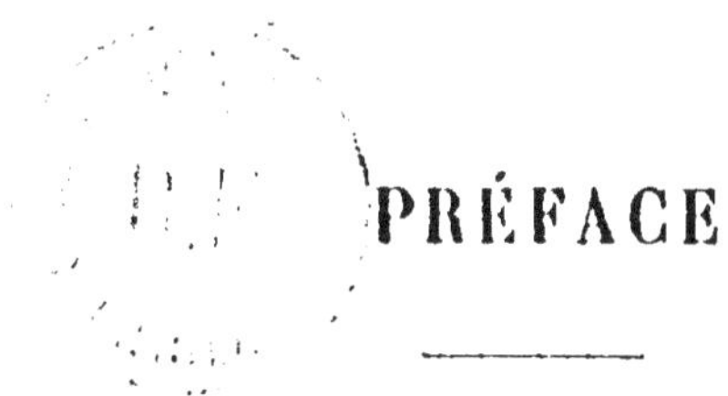

Avons-nous en commun une attitude de l'esprit devant la question du Rhin? Savons-nous quelles relations peuvent s'établir entre Rhénans et Français? C'est le problème le plus important que pose devant nous la victoire. Deux années après que nous sommes réinstallés dans Metz et dans Strasbourg, et que nous occupons la rive gauche du Rhin, il est temps de créer l'unité de nos vues et la convergence de tous nos efforts. Et voilà pourquoi, à la mi-novembre de 1920, dans les journées commémoratives de la rentrée de nos troupes en Alsace-Lorraine, je venais dans cette Université de Stras-

bourg professer cinq leçons sur le Génie
du Rhin.

C'est une prodigieuse émotion pour
un écrivain français, qui se souvient
d'avoir visité les salles de l'Université
de Strasbourg, sous la conduite d'un
concierge allemand, quand elle était
asservie aux triomphantes besognes du
pangermanisme, s'il monte maintenant,
aux côtés du recteur Charlety et du
doyen Pfister, l'escalier de cette illustre
maison, restituée dans la gloire des
Pasteur et des Fustel de Coulanges, et
s'il pénètre dans l'aula pleine de maîtres
et de jeunesse, au cœur même de la
sympathie, pour y lancer l'appel à des
parentés immémoriales que Berlin avait
découragées et qui renaîtront.

La grandeur morale de ma tâche
était soulignée par le lieu, par l'auditoire et par l'illustre tradition où j'avais
l'honneur de me placer. Ces professeurs
qui chargent l'estrade d'où je vais parler : des Alsaciens et des Lorrains de-
meurés aux pays annexés, où ils ont

maintenu, à travers les dures années
de la sujétion, le culte de la fidélité ;
des Alsaciens et des Lorrains qui, réfugiés en France, y ont entretenu la
flamme du souvenir ; des Français qui,
venus de toutes les provinces et de
Paris, ont sacrifié bien des commodités
et des consécrations au désir de servir
ici la France et la civilisation ; des combattants de la délivrance, qui trouvent
dans ce nouveau rôle la plus noble con-
tinuation de leur esprit de guerre ; enfin,
les plus pathétiques de tous, des pères
qui peuvent placer sur le mur de leur
cabinet de travail la tragique vignette
attestant le sacrifice de leur fils, et qui
ont ainsi acquis un titre de maîtrise
incomparable sur cette terre de la re-
couvrance. Les auditeurs à qui je
m'adresse : d'admirables jeunes gens
qui, nés sujets du Reich et soumis à la
caserne allemande, avaient donné avant
la victoire leurs âmes à la France, et
puis, autant que la salle les peut con-
tenir et jusque dans les escaliers, des

représentants, hommes et femmes, de toute la société alsacienne cultivée. Cette assemblée encore frémissante de sa libération, quel point de départ pour une prédication nationale ! Comment une mystérieuse alchimie ne transmuerait-elle pas en une vie supérieure tant de dévouements et d'espoirs, une telle bonne volonté jointe à une expérience si durement achetée !

Et dans quelle tradition je viens me placer ! Ici, sur les confins de deux civilisations qui tantôt s'interpénètrent, tantôt se heurtent en produisant des étincelles incendiaires, il y eut, proches de nous, et sans remonter aux siècles d'où surgit la cathédrale, trois moments de haute spiritualité mémorable. A la fin d dix-huitième siècle, Strasbourg devint po quelques années la ville du merveilleux ; c'était peu après que le jeune Gœthe venait d'y échauffer son destin : une élite d'officiers, de savants, de femmes cultivées, de chercheurs enthousiastes se pressaient autour de

Cagliostro qui faisait des miracles, de Puységur qui guérissait par le magnétisme, du neveu de Swedenborg qui racontait les mystères des mondes célestes, tandis qu'un peu à l'écart, dans l'ombre, le Philosophe Inconnu recevait de Salzmann et de Mme de Bœcklin l'initiation aux mystères de Jacques Bœhme. Et de ce milieu ardent et chimérique allait bientôt se lever la *Marseillaise*, qui révolutionna tout le Rhin, tandis que Saint-Martin ramenait en France la tradition des mystiques allemands (1). Une seconde période d'activité intellectuelle féconde, vers le milieu du dix-neuvième siècle, a pour moi son centre symbolique dans le cabinet du professeur Jacques Matter, l'historien trop ignoré du gnosticisme et des philosophes alexandrins, quand on y put voir familièrement Aubry et Rau discuter droit et histoire, Janet parler de somnambulisme, Charles Schmidt

(1) Voir les notes à la fin du volume.

de maître Eckart, de Tauler, de Suso,
Pasteur de ses expériences : tous entretiens auxquels allait bientôt se mêler
Fustel de Coulanges, et qui, par la plus
rare pénétration de la lumière dans les
grandes profondeurs, justifient dès lors
l'idée que l'Université de Strasbourg
doit fournir une nuance particulière de
la pensée dans le monde. Et à mesure
que le recul le stylisera, il prendra toute
son importance, le troisième moment
que je veux simplement nommer, celui
des vingt-cinq dernières années, où des
patriotes, avec la plus tenace ingéniosité,
nourrirent d'arguments la fidélité et l'espérance de l'Alsace-Lorraine, au point que
ce petit territoire ne laissa pas le monde
s'endormir dans l'injustice, et vivifia la
République française, en l'obligeant à
se fournir de vertus guerrières, comme
il dégrada l'Empire allemand en l'obligeant à se justifier d'une manière cons-
tante et odieuse par « le droit du poing ».

Trois grandes époques que j'aimerais
à choisir entre tant d'autres pour en

écrire l'histoire (1). J'ai le sentiment qu'on n'a pas encore mis au jour et versé dans la circulation tout le trésor spirituel qui fut amassé dans ce lieu de médiation spirituelle, sur ce point de perfection historique et géographique. Aujourd'hui même, considérez-y l'élan des cœurs, l'universel mouvement d'ascension ! La messe des enfants de Strasbourg, le dimanche matin dans la cathédrale, quand ils viennent demander à l'Esprit Saint le don de la langue française, et qu'ils chantent avec leur accent germanique, de tout cœur, les cantiques des paroisses de France, quel émouvant complément des efforts de l'Université !

Vraiment Strasbourg, dans notre époque, c'est une des puissantes tables de sonorité du monde. Et quand je vois la France rentrer dans son Université, j'ai le droit d'être aussi ému qu'à la minute où j'ai vu le maréchal de France pénétrer dans la cathédrale et d'un pas rapide, avec sa suite glorieuse de combattants, monter au chœur pour le *Te Deum*.

*
* *

Quels sont donc mes titres à mes yeux, et qu'est-ce qui m'a donné le courage de demander au conseil des professeurs qu'il m'accordât cette chaire? Quelque mérite que je m'attribuerais? Eh ! non, ce qui m'a poussé, c'est mon amour du sujet que je voulais traiter. Un tel amour que je ne peux voir où que ce soit, dans la page la plus morne du livre le plus insipide, le nom du fleuve brillant et mystérieux, sans en recevoir une espèce de commotion, un prodigieux éveil d'intérêt, une curiosité de tout l'être.

Mais précisément cet état si propre à la composition littéraire m'était un danger et m'a fort gêné dans la préparation de mon cours. Pendant des semaines, je me suis battu contre moi-même. J'ai déchiré de mes brouillons bien plus de feuillets que je n'en ai gardés. Continuellement, en méditant

les dossiers d'où est sorti ce livre, je
m'écartais de la méthode où j'avais
décidé de me tenir, je filais sur les côtés.
J'avais projeté d'écrire d'une manière
objective, en m'effaçant derrière des
textes que je distribuerais sur le plan
le plus simple, et voici qu'à tous instants, je m'introduisais dans mes arguments pour y mêler les raisons de mon
cœur. Le feu aux archives, quoi! Des
images de mon enfance, des sentiments
que j'ai éprouvés dans ma petite ville
mosellane se réveillaient en moi, quand
je feuilletais les documents de la charité rhénane, et les éclairaient de la plus
tendre lumière. J'en ai tant connu de
ces dames des congrégations charitables!
Je me mettais à les dépeindre, à dire
leur amabilité. Tout devenait roman,
émotion, mémoire, et plus de cours pro-
fessoral! Et puis, autre danger, ce *folklore* rhénan, bien que je sois du pays de
la Saint-Nicolas et non de l'arbre de
Noël, je le comprends et je l'aime assez.
Les légendes sont vraies pour ceux qui

appartiennent au sol et à la nation où elles se formèrent; elles sont vraies également pour celui à qui elles furent contées dans son berceau. Les Gretchen du Rhin, qui vont au loin se placer comme petites servantes, ont agi sur l'imagination des enfants à d'immenses distances. Ce qui fait certaines images indélébiles en nous, c'est qu'elles nous viennent de notre patrie et de notre race; si quelque femme nous les a communiquées, avant même que nous sachions lire, dans nos premières joies ou nos premiers jeux, c'est un peu comme si nous les tenions de notre sang. J'étais tenté de vous dire comment j'ai aimé, plus que les contes de Perrault, certains contes de Grimm et, dans les baraques de la fête de ma petite ville, les représentations de *Geneviève de Brabant* et de *Victor ou l'Enfant de la forêt*. Plus dangereusement, je me surprenais en veine de raconter mes voyages sur la Moselle et sur le Rhin, mes goûts, mes dégoûts, mes passions, mes espérances.

Magie des nuées qui flottent sur le fleuve et ses collines ! Nous tous, gens des deux rives, que nous nous tournions en esprit vers le Rhin, aussitôt nous sommes pris d'un tressaillement de poésie et d'un mystérieux attrait. « Si j'éprouvais une fois un grand amour, disait Napoléon, je voudrais l'analyser dans toutes ses parties. » C'est tout ce qu'il y a de plus tentant. J'aurais trouvé un plaisir extrême à libérer mes effusions et à les vérifier, à me rendre compte exactement du pourquoi de ces prestiges du Rhin et de la Moselle. Bref, j'aimerais écrire ce livre comme une autobiographie. J'ajourne ce projet. Je me prouverai à moi-même la vérité de mon amour rhénan, en y trouvant la force de me discipliner et de me circonscrire. J'ai concentré et refroidi mon sentiment pour le rendre plus opérant. Mon danger eût été d'apporter au public, non pas les fantaisies d'une imagination hantée par le romantisme du Rhin, cela je n'ai pas à le redouter de moi-même, mais les dispositions particulières d'un Mosellan qui trouve dans la vieille Lotharingie son parfait climat moral. En parlant dans l'aula de l'insigne Université de Strasbourg, il ne convient pas que je sois l'individu M. B., mais autant que je m'y puis élever, la pensée de la France.

* * *

Soyons volontairement glacés. Le sujet par lui-même brûlera toujours assez. Cheminons sans écarts dans l'axe de notre sujet. Nos directives peuvent être fixées en trois lignes.

Puisque des rapports de tous genres sont inévitables entre la France et la rive gauche que les armées alliées occupent, la meilleure préparation pour le rôle que nos administrateurs, nos officiers, nos soldats et chacun de nous, nous pouvons avoir à tenir, c'est évidemment l'étude des conditions dans lesquelles ce contact s'est déjà présenté.

Quelle fut dans le passé la conception française des pays du Rhin? Quelle aide la plus visible la France a-t-elle donnée à la vie spirituelle, économique, intellectuelle de la rive gauche? Voilà les problèmes que je me propose d'étudier. Il s'agit de retrouver dans l'esprit et les institutions du Rhin la part dont il est légitime d'attribuer la paternité à la France et que l'emprise de la Prusse a trop fait perdre de vue. Il s'agit de savoir ce qu'ont fait nos pères, non pour les répéter, mais pour apprendre de leurs succès et de leurs fautes, dans le passé, le secret d'une coopération actuelle franco-rhénane.

*
* *

Cependant que je parlais, et avant que ma pensée n'eût été imprimée, je crus entendre quelques auditeurs, encore mal sûrs de mon texte, me critiquer amicalement. Et ces amis (en vérité, dans ce public nombreux je ne sentais autour

de moi que les plus chaudes sympathies)
me disaient : « Quoi! vous nous faites
de la psychologie et de l'analyse, alors
que nous sommes en plein domaine de
l'action? O poète, le Rhin n'est plus le
fleuve où naviguent les cygnes, un pays
de brume, de rêve et de méditation ; il
porte des flottes puissantes et reflète
des cheminées d'usine. Les Elfes sont
partis. Il n'y a plus aux deux berges que
les pangermanistes de l'acier et du charbon. Au milieu du bruit des marteaux
pilons, la voix des poètes, des psycho-
logues, des analystes n'est plus perçue.
Vous n'allez pas suffisamment aux réalités, vous ne voyez pas comme il le
faudrait le problème d'économie politique. Qu'y a-t-il d'efficace dans votre
appel? En quoi votre espoir correspond-
il à la Rhénanie d'aujourd'hui? »

Je réponds avec la plus tranquille
certitude : « Vos critiques et vos doutes
sont d'hommes qui connaissent mal
notre époque. Pour l'observateur réfléchi et clairvoyant, dans le monde

entier et surtout sur le Rhin, ce sont essentiellement des problèmes de culture qui se posent. Lutte de classe, organisation de la production, tout cela n'est-il que du strict domaine de l'économie politique ou de l'organisation corporative? Le mal germain est le même dans la mythologie des Grimm et des Wagner, dans les cartels et les trusts des Stinnes, dans les constructions systématiques des Karl Marx. Le trouble d'aujourd'hui sur le Rhin naît de l'usine et des partis politiques, mais il était en germe dans la prospérité et le luxe d'avant-guerre. Pas un de ces Rhénans qui ne soit spécialisé. Ils ont en abondance des écoles techniques. Sur cent élèves de gymnase, quatre-vingt-dix deviennent ingénieurs. Sur cinquante écoliers, quarante seront techniciens. Ce qu'il y a de central chez eux, c'est l'entente de la vie confortable individuelle. Nul qui ne soit d'un groupe ou d'une association. Mais tout cela, en danger de médiocrité intellectuelle,

tout cela guetté par une absence de
spiritualité dont ils souffrent. Avant
1914, durant les années grasses, tout
marchait avec rythme et on ne perce-
vait pas « la voix du poète », mais aujourd'hui il y a des saccades, des inquiétudes, des frémissements. Parmi
cette foule au travail, des esprits s'in-
quiètent. Il y a l'ouvrier qui se lève de
dessus son labeur, préoccupé de justice, de bonheur et de liberté. Il y a,
dans toutes les classes, des gens qui
cherchent un coin de ciel bleu. Voir
le discours du recteur de Cologne pour .
la résurrection de l'Université de cette
ville, le 12 juin 1919 : « Notre puissance
économique et politique, dit-il, s'était
développée plus que celle d'aucun autre
pays ; dans la période des machines,
nous avions atteint une hauteur éton-
nante. Mais à la fin, nous sommes devenus nous-mêmes les victimes de cette
technique tant vantée. Nous n'avons
pas accordé suffisamment d'attention
aux états d'âme si décisifs pour notre

destinée. » Les Rhénans ne trouvent plus la même satisfaction dans leur tâche journalière. C'est alors qu'ils peuvent m'entendre quand je viens leur dire : « Jadis nous vous avions créé une harmonie de l'âme, un rythme de votre effort, un équilibre de votre esprit. »

Nous ne cherchons pas à proposer aux Rhénans un bienfait passager, une séduction d'un moment, une richesse qui ne serait construite que sur du sable. La lumière éternelle reste toujours dans l'équilibre, dans l'harmonie de l'esprit. et de l'action, et ce à quoi il faut remédier c'est au désordre de la pensée. Il s'agit de leur ouvrir les yeux sur ce qu'il y a de meilleur dans les disciplines spirituelles de la France.

*
* *

Chaque fois que j'arrivais pour mes leçons à l'Université, j'aimais à regarder (en esprit, car il fait nuit à cinq

heures du soir, en novembre) le jeune
Gœthe de bronze que nous avons si
grand'raison de laisser debout, en attendant que la statue de Pasteur lui fasse
pendant. Il est là, cet adolescent de
génie, tel qu'on le vit en 1770, à la
Faculté de droit française de Strasbourg,
content de lui et des autres, si gentiment
petit-maître avec un fond de prétention
allemande, ardent à la conquête, épris
de jeunes filles qui, toutes, c'est significatif, dans ces confins d'éternelle
option, ont choisi la France, où leur sang
n'a pas cessé de donner les plus beaux
fruits (1). Ce Rhénan représente, selon
moi, le meilleur effet que la civilisation
française peut se flatter d'exercer sur
les régions en éternel suspens qui avoi-
sinent le grand fleuve historique. Il
demeure un de nos titres de gloire dans
Strasbourg, un signe éclatant de notre
généreuse influence, lui qui a passé sa
vie dans la nostalgie de la meilleure
France, et qui était venu chercher ici
même sa première initiation aux choses

de chez nous, que par la suite il apprit mieux à trier et à goûter. Nulle part et dans aucune période, ce Gœthe, citoyen d'une ville libre où il y a des influences françaises, ne fut aussi heureux qu'à Strasbourg, à Wetzlar et dans ses promenades en Suisse. Son équilibre assez instable dans la vallée du Rhin, c'est vraiment son plus aimable moment, humain, fécond et méconnu systématiquement par l'Allemagne prussienne. Aux plus sombres minutes de l'annexion, quand je préparais à Niederbronn le *Service de l'Allemagne*, j'aimais à lire, au milieu des débris gallo-romains qui l'inspirèrent, son petit poème, *le Voyage*, relié dans mon esprit, par la paix et la beauté qu'il respire, à *la Famille* de Giorgione du palais Giovanelli à Venise. Que le jeune Gœthe demeure au milieu de nous, devant notre haute maison d'étude, non pas comme une énigme, non pas dénaturé par les plus récents commentaires du pangermanisme, mais tel que nos aïeux le virent et l'ai-

b

mèrent, en même temps qu'il les aimait !

Les Allemands ont déformé leur propre grandeur. A nous de leur en restituer le sens exact. Il faut voir clair dans leur génie et dans l'interprétation qu'ils ont donnée depuis cinquante ans de leurs classiques. Ces belles lumières, en traversant les milieux pangermanistes, s'y brisent et subissent un changement de direction. C'est un phénomène de réfraction. Le teutonisme fait dévier les meilleures valeurs allemandes. Il les défigure. Avant de s'infiltrer à travers les nations, il a d'abord submergé l'Allemagne elle-même. Que notre esprit vérifie et critique ses dangereuses dénaturations. De quelle manière mettre une digue à l'invasion de la pensée allemande? En pensant mieux que les Allemands. Je crois qu'il est permis aujourd'hui de remettre en marche la pensée des Taine, des Renan, des Staël, de tous ceux qui, avec plus ou moins de bonheur, apportèrent de la substance germanique en France, à condition de compléter leur expérience par l'expérience des Jeanbon Saint André, des Lezay-Marnesia, des Ladoucette, et de leurs émules, les hommes d'action aujourd'hui vivants, qui ont vu à l'épreuve les défaillances diverses de l'Allemagne. Nous ne pouvons plus être tentés de subordonner notre estime de nous-mêmes à quelque engouement que ce soit pour aucun aspect de la Germanie.

*
* *

Certains censeurs me disent : « Vous vous illusionnez, vous péchez par excès de confiance, trop de confiance en nous, trop de confiance en eux ; vous ne voulez pas voir les Rhénans tels qu'ils sont à cette heure. » Eh ! je vois les difficultés, mais je continue d'aimer une tâche nécessaire. Laissez-moi tranquille avec votre indigne découragement. Je distingue ce qui est beau et bien, et j'y travaille avec enthousiasme.

Quand cette parenté franco-rhénane re-
donnera-t-elle des fruits? J'en sais la
date exacte. A l'heure où, à force de
lumière, nous l'aurons revivifiée.

Il est clair que les données du problème rhénan sont embarrassées d'ef-
froyables remembrances, mais tout de
même, dans la vallée du Rhin, nous
autres, nous savons bien que l'esprit
rhénan et surtout le mosellan ressemblent
plus au lorrain qu'au prussien. Pour
connaître à fond les Rhénans, il faudrait
des tables de statistiques : où en sont-
ils de l'accroissement de leur population
(formidable en Prusse, mais en Rhénanie d'une modération voisine de la
nôtre), du chiffre de leurs fortunes, de
leur bilan de commerce, de l'étendue
des propriétés? Par cette voie, nous
connaîtrions leur civilisation matérielle.
Mais ce qu'elle a de spirituel? Comment comprennent-ils l'éducation des
enfants à l'école? Comment l'utilisation
des heures de loisir? Voilà des questions auxquelles il faudrait répondre.

J'aimerais encore choisir un certain nombre de Rhénans indigènes, des individus qui sont de cette rive gauche par leurs racines, et les définir à la fois dans ce qu'ils ont de particulier et dans ce qu'ils ont de mariable à des choses françaises, d'attrayant au sens étymologique du mot. J'étudierais ensuite des individus qui ne sont de cette Rhénanie que par un mariage intellectuel, des individus qui, par leur adhésion propre ou par la sympathie des populations qui les accueillent, manifestent les réalités de l'esprit sinon celles du sang. De tels types nous aideraient à comprendre l'esprit rhénan à la fois en eux-mêmes et en complément. La satisfaction qu'un Hugo, qu'un Quinet (dans sa première période) ont trouvée en Rhénanie permet de distinguer les possibilités qui y sont incluses. Si Jeanne d'Arc dès son apparition a été une figure populaire dans les pays rhénans, c'est qu'elle paraissait annoncer à ces populations une manière supérieure d'orienter la crédulité et la vie instinc-

*

tive. Si Hoche a laissé d'unanimes regrets dans des régions où il était venu en chef militaire ennemi, c'est que sans doute sa conception si française du rôle de l'officier paraissait admirable à des gens qui dès lors n'étaient pas uniquement voués à la formule de l'obéissance passive. Ainsi Hoche, Jeanne d'Arc, Hugo, Lezay-Marnesia, cinquante autres, seraient à étudier comme des réactifs. Nous ne pouvons pas saisir le corps pur, je veux dire le génie rhénan ; du moins pouvons-nous voir avec quoi il se combine. Il est très justifié de déterminer l'impondérable en étudiant ses alliages avec des valeurs qui sont bien définies.

C'est une méthode. On en trouvera vingt autres. Que des équipes de travailleurs se lèvent ! Je suis allé en demander à Strasbourg.

*
* *

Je ne connais qu'une objection décisive, et je ne veux pas la masquer, celle de Français qui me diraient : « Nous n'avons pas assez de force pour fournir de la civilisation à ces pays du Rhin. » Naturellement, s'il y a beaucoup de Français pour douter ainsi de leur vitalité, la partie sera compromise et devra être ajournée à une autre génération.

Quelqu'un de nous est-il enclin à cette dépression morbide? Qu'il lise et médite les faits que je groupe, qu'il se rapproche des grandes choses qui furent accomplies par nos pères et qu'il s'y échauffe le cœur. L'utilité de ces études, c'est qu'elles nous donnent confiance en nous-mêmes. Elles nous montrent les traits éternels de la France, notre génie intelligent et généreux, notre clair bon sens dans nos meilleurs moments, et le raniment en nous. Les Prussiens par système de gouvernement, et les Français par ressentiment des deux guerres, se cachent à eux-mêmes ce qui fut accompli en Rhénanie. Nous avons soulevé un coin du voile qui couvre des sympathies et des collaborations. Ce que firent nos grands administrateurs, nous ne le renouvellerons pas par les seuls rapports économiques. Il faut une véritable chaleur spirituelle. Nous ne créerons pas les Franco-Rhénans dans la froideur et le déplaisir. Je voudrais propager l'intelligence de la question et surtout cette partie de l'intelligence qui est curiosité, sympathie, attrait. Les fruits de la guerre ne mûriront pas dans cette froide torpeur où voici qu'on nous laisse. Aimons ces buts choisis avec raison.

Qu'est-ce que les jeunes Français peuvent bien trouver de plus intéressant que les problèmes du Rhin? Leur âme, après ce formidable effort et cette apothéose, a des curiosités, des audaces, des besoins d'expansion et des besoins de rénovation. Nous sommes reportés sur notre fond, nous avons besoin de quelque chose qui est dans nos origines ; en outre nous croyons avoir besoin de quelque chose qui n'est pas en France, et nous sommes projetés vers l'extérieur.

Ces deux besoins d'expansion et de rénovation, que la France éprouva dans ses meilleurs moments, une fois encore nous nous sentons poussés à les contenter sur le Rhin. Cela fut ainsi à la fin du dix-huitième siècle et au commencement du dix-neuvième. Ce n'est pas par accident qu'un Lezay-Marnesia a traduit le *Don Carlos* de Schiller ; c'est un fait qui s'harmonise avec les débuts et la suite de sa vie. Je suis frappé de voir comment ce Lezay-Marnesia et Jeanbon Saint-André se sont sentis chez eux et ont eu des satisfactions françaises, dans leurs préfectures du Rhin. Aujourd'hui encore, des jeunes esprits ardents, généreux et réceptifs, gagneraient à venir respirer par-dessus les frontières de race. Aujourd'hui, nous recherchons la solution d'un certain nombre de problèmes de culture qui se posent dans le monde. Il y aura un travail réciproque. Nous donnons une pensée disciplinée, des manières de sentir et de penser harmonieuses, et en même temps nous souf-

frons de l'excessif équilibre de l'âme
française. Nous cherchons de la déshar-
monie, des problèmes, un sol raboteux,
des contrastes. Je vois cela chez les
jeunes gens et je les comprends. Nos
pères nous ont légué de la méthode, des
directions, du sang-froid, de la mesure,
de l'esprit géométrique ; vous trouvez
qu'il manque à cet héritage français
moyen le sens des difficultés, la variété,
l'adaptation aux mille incidents de la vie
journalière. Eh bien ! venez en Rhénanie, comme sur la pointe extrême des
pays latins ; observez cette Allemagne
dans la lumière du Rhin et de la gloire
française, vous y étudierez une formidable fermentation, des gens inquiets,
tourmentés. Vous connaîtrez le profond plaisir dont rêvait Novalis quand
il disait : « Il faut que le chaos luise à
travers le voile régulier de l'ordre. »

L'enquête que nous ouvrons n'est
pas le fait d'une humeur individuelle
et d'un simple attrait de notre esprit,
mais d'une nécessité nationale. A con-

sidérer notre situation dans le monde, et plus encore la vie intérieure de notre pays, on juge que les destinées de la civilisation française reposent sur le Rhin.

LE GÉNIE DU RHIN

I

LE SENTIMENT
DU RHIN DANS L'AME FRANÇAISE

Monsieur le Recteur,
Monsieur le Doyen,

Je suis profondément touché de la bienveillance de votre accueil dans une journée si émouvante pour un écrivain français.

Je vous remercie et avec vous tout le corps des professeurs de m'associer, pour si peu que ce soit, à votre tâche, — une des tâches les plus importantes que nous commande la victoire, comme l'a bien marqué le président

Poincaré qui me fait l'honneur d'assister à cette leçon, quand, au terme de sa magistrature de guerre, voulant continuer immédiatement à servir le pays, il s'est venu mettre à la tête des « Amis de l'Université de Strasbourg ». Dans cette puissante ville de Strasbourg, pendant un demi-siècle, la pensée française s'était réfugiée au foyer des familles. C'est la tâche de l'Université de rassembler et de multiplier toutes ces forces spirituelles pour reconstituer sur le Rhin une pensée publique française. L'illustre maison des Pasteur et des Fustel de Coulanges a rallumé ses feux, et plus que jamais elle veut, comme une vigie avancée de notre nation, porter haut et loin les lumières de la France.

Monsieur le Commissaire Général,
Monsieur le Général gouverneur
    de Strasbourg,
Mesdames et Messieurs,

Si nous sommes réunis dans cette solennité et si nous allons pouvoir parler du Rhin avec une fière liberté, c'est une des innombrables conséquences de la fidélité alsacienne et puis du génie et des sacrifices de nos armées. Aussi je vous demande que nous placions ces leçons sous l'invocation des fils de France qui sont tombés pour la délivrance, et je salue, en les nommant dans mon cœur, celles de leurs familles en deuil que je reconnais dans la salle.

Parmi ces morts, qu'il me soit permis de placer celui dont le souvenir me vaut pour une large part votre sympathie, le poète-patriote qui dévoua totalement sa vie à la préparation morale des âmes à la guerre et qui ne voulut être qu'un sonneur de clairon, pour sonner et sonner sans trêve le ralliement des Français autour de Metz et de Strasbourg, jusqu'à ce que le souffle lui manquât, au matin même de la revanche qu'il avait prophétisée, et comme au seuil de la terre promise.

Le Génie du Rhin ! Ce n'est pas de politique que j'ai sollicité l'honneur de parler aux étudiants de Strasbourg. Devant le Parlement et surtout à la Commission des affaires extérieures, il est légitime et nécessaire que les parties les plus actuelles et les plus pressantes d'une question soient examinées, mais, ici, c'est sous un angle beaucoup moins aigu que je veux prendre les choses. '

Nous vivons dans une époque solennelle et presque décisive, où la géographie et l'histoire sont d'accord pour nous imposer une prise de contact avec le Rhin, et les circonstances nous obligent à faire un retour sur nous-mêmes et comme un examen de conscience national. Nous avons à vérifier et à vivifier la notion rhénanc toujours sommeillante dans l'âme française. La tradition libérale de l'Université de France admet l'étude de toutes les questions, pourvu qu'on les aborde d'un esprit calme et réfléchi, sans humeur de polémique, et dès lors l'Université de Strasbourg n'était-elle pas magnifiquement indiquée pour que partissent de chez elle des considérations sur cette Rhénanie si voisine? Ici, mieux qu'ailleurs, on comprendra d'une manière sensible que ce n'est pas dans le vide que nous nous préoccupons de définir ce que le Rhin peut être pour nous. L'issue de la guerre, les garanties que le traité de Versailles nous concède, la situation de fait qui nous est attribuée sur la rive gauche nous imposent de préciser notre pensée à l'égard du pays rhénan. Elles nous l'imposent, que nous le voulions ou non. Dès lors, mieux vaut le vouloir !

*
* *

MESSIEURS, le Rhin a toujours attiré, obsédé même les imaginations des peuples à l'Est et à l'Ouest. On croit que le problème du Rhin est un effet de la politique. C'est une fatalité autrement puissante. Le Germain va sur le fleuve chercher la lumière du Midi, les vignobles, les cortèges joyeux ; la France, du mystère, des traditions populaires, de la musique, une fertilité luxuriante du sol et de l'imagination. D'une manière plus forte, reconnaissons dans cet attrait de la France vers le Rhin la nécessité d'une civilisation qui cherche de nouvelles matières, et la poussée d'une vocation. Si la France s'intéresse au sol fertile, c'est qu'elle veut l'ensemencer.

A vrai dire, notre sentiment exact du Rhin ne se définit pas en une fois. Il a varié d'époque en époque. C'est un sentiment qui, sans disparaître jamais, suit toutes les vicissitudes de notre fortune et de nos aspirations. On s'en assurerait en remontant le cours des âges, mais ce n'est pas notre projet de remonter le cours des âges ; nous ne pré-

tendons pas exhumer les périodes abolies : d'autres l'ont fait, et puisqu'il
nous faut nous limiter, nous chercherons nos leçons et nos exemples dans
notre riche histoire rhénane du siècle
dernier.

Si la France s'intéresse au sol fertile
de la Rhénanie, disions-nous tout à
l'heure, c'est qu'elle veut l'ensemencer.
Cette pensée va dominer toutes nos
études. Le dix-neuvième siècle a com-
mencé un ensemencement prodigieux de
la rive gauche du Rhin, — un ensemencement tel qu'au dire même des historiens rhénans, le pays n'en connut pas
d'aussi heureux depuis l'époque romaine.
C'est dans ce champ d'expériences, c'est
dans la Rhénanie du dix-neuvième
siècle que nous chercherons notre éducation. Nous avons besoin de n'avancer qu'avec des faits et des réalités.
Nous nous en tiendrons à l'expérience
toujours contrôlable et vivante de nos
pères et de nos grands-pères.

Voyons donc comment les quatre ou

cinq générations qui nous précèdent immédiatement ont chacune, tour à tour,
interprété le rôle éternel de la France
sur le Rhin.

En 1792 et 1793, après Jemmapes,
l'élan révolutionnaire cherchant son
expansion vers l'Est, un grand désir
de libération démocratique entraînait
vers le Rhin nos soldats et nos propa-
gandistes. C'est l'esprit d'apostolat des
plus vigoureux moments de notre histoire. Les clubs des villes rhénanes accueillent le drapeau tricolore ; les puissances féodales défaites sur nos champs
de bataille sont refoulées par la collaboration des libéraux de Mayence et
de Landau, de Cologne et de Spire.
Quelle irrésistible poussée de dilatation
du cœur français ! Ce cœur français bat
si fort qu'il inonde toute la rive gauche
d'une impulsion généreuse et facile. Il
semble que, pour libérer les peuples, il
suffit d'une résolution de citoyens as-
semblés et d'un décret de groupes déli-
bérants. Ces Français qui arrivent sur le

Rhin se considèrent comme les posses-
seurs de la seule foi politique justifiable,
et veulent l'offrir, l'imposer comme un
don de la raison à des populations arrié-
rées. De ces Français, les uns sont ani-
més par un rationalisme court, les autres
par un instinct de haute civilisation ;
tous prétendent régénérer l'Allemagne.
Pour eux, le Rhin, c'est le pont par où
les idées rationnelles, estimées seules
légitimes, doivent achever la ruine d'un
passé féodal ; c'est le débouché par où
l'esprit de l'*Encyclopédie* adaptera l'Allemagne aux temps modernes.

Sur quel contenu moral cette action
de l'esprit français et de la culture française va être exercée, c'est ce que nous
indique Mme de Staël dans son livre
De l'Allemagne. Livre admirable, et nous
aimerions marquer son à-propos littéraire, mais trop incomplet, et qui
manque d'horizon politique. Mme de
Staël s'enthousiasme dans l'atmosphère
sentimentale de la Germanie, sans se
préoccuper de l'œuvre bienfaisante qu'y

réalisent les armées révolutionnaires et l'administration napoléonienne. En face d'une vie morale française ramenée à un civisme étroit, à un enrégimentement de l'esprit et du corps, c'est à l'enthousiasme et aux puissances vivifiantes de l'intuition que Mme de Staël voudrait que le Rhin pût donner passage. Le fleuve sera pour elle, et pour les romantiques qui procéderont d'elle, la porte d'entrée des mystères et des musiques, l'introduction à l'idéalisme et à la rêverie. L'idéalisme par opposition à la statistique, à la loi des grands nombres. Le Rhin, c'est le seuil d'un immense pays qu'elle embellit à souhait et où les notions insaisissables, les impondérables de l'âme ont une puissance qu'elle voudrait voir se développer chez nous. L'enthousiasme, la rêverie et la mélancolie lui apparaissent générateurs de connaissances; elle y voit des moyens pour mieux atteindre les choses, pour approcher des secrets de l'univers, et c'est en Allemagne que se trouve leur patrie d'élection. C'est par le Rhin qu'elle voudrait faire brèche dans ce mur de Chine qui, dit-elle, risque d'enserrer la France de 1810. A ses yeux, le Rhin, c'est la porte d'une révélation.

Nos générations romantiques s'inspirèrent à la fois de Mme de Staël et des révolutionnaires, sans distinguer nettement entre ces points de vue et sans apercevoir ce qu'ils pouvaient avoir de contradictoire. Grâce à une initiation fervente à ce qu'on prétendait être la spécialité de l'Allemagne, ils espèrent restaurer en France des valeurs négligées. Las du doute, de l'esprit d'examen et du raisonnement, ils veulent se livrer à l'imagination, à la souveraineté de la foi, aux inspirations, voire aux délires du cœur. Ils s'égarent à la recherche de la fleur bleue, s'attardent sous les tilleuls à écouter le violon des musiciens errants et se laissent glisser sur les eaux du fleuve entre les terrasses et les burgs ruinés. C'est un lointain pays de fantaisie mélancolique et tranquille, qu'habitent

les sylphes, les ondines, les nains ensor-
celés, où fleurit la rose mystique, où
soupirent de blondes amoureuses au
front pâle. Plus encore, pour quelques-
uns d'eux, c'est le baquet magnétique
du monde et la cuve aux enchante-
ments. Religiosité mal définie, mystère
du clair-obscur ! Et cependant, voyez
ami l'étrange amalgame, ces mêmes gens
qui se plaisent à évoquer sur le Rhin
les valeurs du moyen âge se réjouissent
que la Révolution ait fait éclore la liberté au vieux nid féodal.

Victor Hugo, dans ses voyages en
Rhénanie, a donné une forme magnifique et périlleuse à cette interprétation.
L'opinion qu'il laisse paraître, c'est que
l'Allemagne est inopérante dans sa vie
de nation, qu'elle est vouée au rêve, à
l'indolence sociale, indifférente à tout
ce qui anime les peuples démocratiques.
La musique est son langage ; Beethoven,
le grand Rhénan, est aussi son grand
homme. L'éparpillement et le fédéra-
lisme sont pour elle une fatalité inéluc-

table. Le Rhin sépare deux civilisations différentes et complémentaires : d'une part, la France progressiste, et, d'autre part, l'Allemagne immobile, sinon retardataire. Victor Hugo en Rhénanie va voir revivre les fantômes des Burgraves : il comprend ce pays aux profondes vallées, comme une Thessalie occidentale, hantée de Titans, qui sont réfractaires à l'ordre olympien, jaloux de leurs prérogatives locales, perpétuellement en lutte avec leurs voisins et qui groupent autour d'eux des clans fermés et rivaux.

On vécut longtemps là-dessus. Cette doctrine de Hugo, sa génération l'adopte en grande partie. Un jour vient sans doute qu'Edgar Quinet se détache de cette conception romantique et prévoit le danger pour la France : il distingue les germes d'un pangermanisme qui de Prusse est en train de gagner d'autres régions de l'Allemagne et pour qui le Rhin deviendra un fossé aisément franchissable. Mais comme il est isolé ! L'assentiment public va à Lamartine, qui, dans sa *Marseillaise de la paix*, s'écrie :

Vivent les nobles fils de la Grande Allemagne !

Pour reconnaître les appétits et les ambitions d'outre-Rhin, la France devra traverser des épreuves qu'elle ne soupçonne même pas en 1843.

Une nouvelle génération succède aux hommes du romantisme. Le Rhin du second Empire devient le fleuve des villes d'eaux, d'Ems, de Wiesbaden et de Bade, une sorte de pays pour voyages de noces, où l'on entretient soigneusement des ruines pour touristes, où l'on exhume des légendes pour Anglais voyageurs, où tous les restaurants ont leur orchestre, toutes les terrasses au bord de l'eau leur fête de nuit toute prête, tous les casinos leur aimable tapis vert, toutes les duchesses de Gérolstein leur garde du corps de trente-six carabiniers. En partie sous des influences intéressées, le Français de ce moment-là ne se croit plus d'autre mission sur le Rhin que celle de badaud. Dans le sillage ouvert par le génie de Henri Heine, Prussien libéré de Düsseldorf, et tandis qu'Offenbach arrive de Cologne, des feuilletonistes chers au boulevard et tous originaires du Rhin, les Albert Wolff et les Aurélien Scholl, les Alexandre Weill et peut-être les Henri Murger, prennent plaisir à déposséder l'âme française de sa foi en elle-même et favorisent cette idée que le culte de la parodie et le ricanement en face des dieux et des héros sont éminemment le fait de la race française (1). A l'heure où les énergies allemandes, saturées d'une farouche superstition nordique, tendent à se créer dans la Tétralogie de Wagner une expression triomphante, les grêles ritournelles de *la Belle Hélène* et de *l'Œil crevé* suffisent à la moyenne française, menée par une minorité de boulevardiers. Cela dans les années qui précèdent l'Année terrible !

Taine, en 1870, venait de passer le Rhin pour étudier l'Allemagne. Eût-il partagé cette effroyable sécurité des hommes du second Empire et de son camarade About? Eût-il au contraire, après étude, donné un écho aux alarmes de Tocqueville et des meilleurs Alsaciens? La guerre le surprit au début de ses investigations trop tardives.

La guerre et la défaite! Comment s'étonner qu'un tel refoulement ait écarté du Rhin, non seulement notre réalité nationale, je veux dire notre territoire et notre population, mais même notre curiosité? Francfort, la clef de voûte des Allemagnes du Nord et du Sud, le gué des Francs sur le Rhin, comme l'indique son étymologie, servant d'étiquette à notre désastre ; quel désaveu plus évident pouvait-on redouter? Dans l'amoindrissement de la France vaincue, le Rhin n'est plus qu'un fleuve d'amers ressouvenirs, un des derniers refuges des légendes dans le monde, et, parmi ces légendes, la gloire de la France. Seules les rêveries nostalgiques s'aventurent vers ses rives (1). La musique de *l'Or du Rhin*, le souvenir des cathédrales ogivales, le culte de Beethoven polarisent encore quelques fidélités, mais, pour tous ceux qui ne vivent que dans le présent, le Rhin est un fleuve interdit. C'est une rivière allemande, prussienne même, vouée à une organisation mercantile. Pendant un demi-siècle la France est séparée du Rhin. Nous n'y avons plus d'activité intellectuelle, et telle est notre discrétion de vaincus que nous nous interdisons même de faire écho aux sympathies que la Rhénanie du Kulturkampf cherche à témoigner à sa voisine catholique.

J'ai connu ces minutes de notre dépression nationale. Il y a vingt-cinq ans, je descendais la Moselle de Metz à Trèves et jusqu'à Coblence, avec le projet de formuler pour la France de demain de nouvelles préoccupations et de nouveaux devoirs mosellans et rhénans, et de revivifier dans l'âme des jeunes générations notre sentiment historique du Rhin. Mais l'heure n'avait pas sonné (1).

*
* *

Et maintenant, à cette date glorieuse, maintenant que nous revoici sur le fleuve, quelle va être notre attitude d'esprit, quelle tâche voulons-nous nous fixer?

Nos armées occupent la rive gauche. Le traité de Versailles déclare : « A titre de garantie d'exécution du présent traité, les territoires allemands situés à l'ouest du Rhin seront occupés. La Haute Commission aura le pouvoir d'édicter des ordonnances dans la mesure qui sera nécessaire pour assurer l'entretien, la sécurité et les besoins des forces militaires. Elle pourra également adapter l'administration civile des pays occupés aux besoins et aux circonstances de l'occupation militaire. » Tel est le texte, la lettre. Dans quels sentiments allons-nous utiliser nos droits?

J'ai hâte de le dire : pas d'annexion,

pas d'assimilation simpliste, pas de conspiration. Nous nous gardons de prétendre faire table rase de tout un passé séculaire, d'ignorer des traditions plus fortes que tous les règlements, de heurter de front des usages mêmes qui ont pris force de loi. Nous savons qu'un Rhénan ne peut pas penser comme un Champenois et qu'un ancien sujet de Guillaume II ne peut pas avoir les habitudes d'esprit d'un Français de la troisième République.

Ce serait une erreur détestable de vouloir contraindre ou gêner les dispositions intimes des populations rhénanes.

Cette faute ne peut même pas être imaginée quand on parle à Strasbourg, où l'abus de la force a si longtemps insulté la conscience universelle. S'il y a un lieu d'où il soit impossible pour un Français de concevoir l'annexion d'un peuple contre sa volonté, c'est bien, au cœur de cette Alsace, cette Université libérale.

Nous respectons le principe de la libre disposition des peuples qui est dans l'esprit des temps nouveaux. C'est dans ce sens que nous voulons exécuter le traité, c'est de cette manière que nous comprenons l'occupation de la rive gauche du Rhin. Nous y apportons un désir de coopération.

Cette coopération n'est possible que si nous connaissons ces populations. Et pour les connaître, je vois diverses méthodes. On peut s'adresser à l'ethnographe, au spécialiste de l'histoire d'Allemagne, au statisticien. J'aurai recours au procédé qui consiste à rechercher ce qui, dans la vie même, dans la sensibilité et l'organisation de ces populations, représente un apport ou des affinités françaises. Les expériences de nos pères et de nos grands-pères nous aideront dans notre tâche. Elles nous serviront à connaître les populations rhénanes avec tout le riche passé qu'elles contiennent et à comprendre plus profondément quels rapports nous pouvons établir avec elles. Ce Génie du Rhin que je voudrais évoquer avec vous, c'est du biais de nos expériences passées que j'entends l'aborder. N'a-t-on pas chance de mieux comprendre les activités auxquelles on a collaboré? Et plutôt que de l'apprécier dans les périodes où nous nous détournions de lui, de plus chaudes révélations ne nous viendront-elles pas des époques où l'action quotidienne et l'intimité des entreprises communes nous le rendaient familier?

Il ne s'agit pas de repasser par les routes antérieures cent trente ans après Marceau, un peu plus d'un siècle après les fonctionnaires de Napoléon et Mme de Staël, quatre-vingts ans après Victor Hugo, soixante ans après les touristes de Bade, quarante ans après les mélomanes et amateurs de légendes, mais de distinguer les résultats et les enseignements, en un mot, les survivances de notre activité sur le Rhin. Si nous trouvons dans un passé récent des signes certains d'ententes fructueuses, c'est un fameux document pour nous mettre à même de répondre aux questions pressantes de l'heure : « De quelle manière pouvons-nous créer des rapports utiles avec ces populations rhénanes dont le sort a été remis entre nos mains? Quelle notion devons-nous prendre d'elles pour connaître nos devoirs? Quelle figure voulons-nous qu'elles aperçoivent quand l'image de la France est évoquée devant elles? »

Par une enquête publique et volontiers contradictoire, nous voulons nous rendre compte de ce qui dans ces populations, avec toutes leurs dissemblances, permettrait des coopérations, des ententes, des alliances d'intérêts ou d'entreprises. Et si nous nous préoccupons surtout des temps où la France faisait son œuvre là-bas, c'est que la réalité complexe de ces Rhénans comporte une part de ce passé vivant. Je ne méconnais pas tout ce que le rythme impérieux auquel ces populations ont été soumises en tout dernier lieu représente de force d'oubli, mais je sais que leurs riches régions sont des terres composites, saturées de germes divers et traversées au cours de l'histoire par les courants les plus généraux de la civilisation.

Le Rhin est un fleuve qui se souvient (1). Pour ses riverains il y a un passé qui ne saurait mourir tout à fait, qui devient légendaire et poétique, s'il n'a pas d'utilisation présente, mais que ne supprime pas le radicalisme destructif de la raison raisonnante. C'est le carrefour des grandes routes suivies par les légions romaines et par les invasions barbares, le croisement des voies qui de la mer remontent vers les refuges des Alpes, ou de la France se dirigent vers l'Orient : pays où le mausolée d'Igel fait face à la cathédrale de Mayence, où le monument de Luther à Worms se reflète dans les eaux qui vont réfléchir la cathédrale de Cologne, où les camps d'instruction de la Prusse moderne voisinent avec les donjons des chevaliers pillards, où les comptoirs de commerce, les cheminées d'usine, les vastes salles de concert se trouvent côte à côte. A chaque pas, le présent, pour devenir intelligible, s'y doit éclairer des souvenirs du passé. Le Rhin n'a pas une puissance de résorption assez forte pour que des états antérieurs y soient complètement abolis. Nous n'empêcherons pas Frédéric Barberousse de dormir, suivant l'imagination de certaines de ces populations, dans une montagne mystérieuse qu'elles placent au Trifels dans le Haut Palatinat : à nous d'empêcher par d'autres prestiges que l'Empereur dont la barbe a fait le tour de la table de pierre ne sorte une fois de plus de son gîte millénaire pour nous assaillir. Nous n'empêcherons pas les pangermanistes de s'attribuer le mérite de ce que connut de prospérité depuis un siècle la Rhénanie : à nous de montrer que ces activités créatrices sont alimentées en réalité à des sources où la France a sa grande part, et qu'une fois encore nous pouvons être pour nos voisins un appui.

Allons sur le Rhin, allons sur la basse
Moselle. M'excuserai-je de me citer moi-
même et de rappeler ici des impressions, notées au cours de promenades à
bicyclette que la pente de ma rivière
natale m'amenait à faire de Metz à
Coblence, « à travers les villages semés
sur les deux rives et les rochers abrupts
mêlés aux terrasses de vignobles, parmi
des circuits qui renouvelaient perpétuellement le paysage... jouissant de retrouver, au long de la rivière, les vignes
sur les pentes, les maisons à pignons
groupées en bourgades à chaque tour-
nant ou allongées sur la berge étroite
et toujours surmontées d'une ruine féo-
dale, les vallées qui s'ouvrent aux deux
rives et qui laissent apercevoir des donjons dans chacun de leurs dédouble-
ments, enfin tous les éléments rhénans,
proportionnés pour composer l'harmonie
délicate des paysages mosellans. Çà et
là, des bancs précisent ce gentil caractère de toute la basse Moselle, heureuse
de sa paix, de son demi-isolement, tou-

chant rendez-vous des petites gens, pays de vin, non de bière, et dont les eaux transparentes apportent un peu de France à l'Allemagne. Ce ne sont point ici les grands ciels salis de brume des antiques Burgraves, mais les nuages joliment formés promettent des pluies dont la verdure se réjouit. Et l'absence d'hommes et de bruit ne va pas jusqu'à créer la solitude, mais seulement le repos. En dépit de quelques montagnes d'une structure assez puissante, la nature, dans le val de la Moselle, ne trouble pas, ne domine pas le voyageur... »

A côté de la Moselle plus discrète et plus tendre, voyons maintenant le Rhin, dans toute la majesté mystérieuse que nos romantiques lui prêtent : « Après quelques instants d'une âpre descente le long d'un sentier qui semble par moment un escalier fait de larges ardoises, je revoyais le.Rhin... Le jour n'avait pas encore complètement disparu. Il faisait nuit noire pour le ravin où j'étais et pour les vallées de la rive

gauche adossées à de grosses colonnes
d'ébène ; mais une inexprimable lueur
rose, reflet du couchant de pourpre, flot-
tait sur les montagnes de l'autre côté
du Rhin et sur les vagues silhouettes qui
m'apparaissaient de toutes parts. Sous
mes yeux, dans un abîme, le Rhin, dont
le murmure arrivait jusqu'à moi, se dé-
robait sous une large brume blanchâtre
d'où sortait à mes pieds mêmes la haute
aiguille d'un clocher gothique à demi
submergée dans le brouillard. Il y avait
sans doute là une ville, cachée par cette
nappe de vapeur. Je voyais à ma droite,
à quelques toises plus bas que moi, le
plafond couvert d'herbes d'une grosse
tour grise, démantelée et se tenant encore fièrement sur la pente de la montagne, sans créneaux, sans mâchicoulis
et sans escaliers... »

Victor Hugo a enregistré tout le pittoresque et toute la rêverie du fleuve.
Il a dénombré avec une extraordinaire
puissance de relief les cathédrales, les
châteaux et les légendes. Mais dans

l'ombre des cathédrales, a-t-il distingué
la vie religieuse quotidienne, ses couvents, ses hôpitaux, ses ouvroirs, ses
écoles, et ses multiples associations professionnelles et charitables? Et surtout
pouvait-il prévoir cette puissante organisation industrielle et économique, ces
usines en briques rouges, à la silhouette
de forteresses crénelées, ces cités ouvrières au milieu de jardins, ces somp-
tueux palais où sont installées les vieilles
Chambres de commerce de fondation
impériale française, ces véritables casernes occupées par les cartels du fer,
de l'acier et du charbon, ces rames de
chalands, à l'aspect propre et confortable, traînés par de puissants remor-
queurs, qui remontent le Rhin en péné-
trant l'atmosphère de leurs fumées, et
ces grands ports intérieurs de Ruhrort,
de Mayence, de Cologne, où le travail
s'accomplit avec une telle méthode et
une telle ferveur qu'on croit y distinguer une discipline militaire et religieuse?

Il y a dans tout cela un incomparable
débordement de vie sociale, économique
et spirituelle. Toutes ces créations,
neuves ou vieilles, c'est le signe des dispositions et des aspirations de l'âme
rhénane. C'est un produit de la pensée,
du cœur et de la volonté rhénane. Et
c'est leur présence même qui va nous
fournir les grandes divisions de ce cours.

*
* *

Voilà des ruines et des paysages pleins
de légendes : quel est leur esprit? —
Voilà des cathédrales, des établissements religieux, d'innombrables associations catholiques : quelle ferveur
religieuse les anime? — Voilà des fabriques, des usines, une puissante batel-
lerie : quelle est la règle et la direction
de ce puissant effort économique? —
Ainsi se présentent à nous très naturellement les étapes de notre cours. Une
sensibilité rhénane est impliquée dans
les légendes qui se rattachent à des

ruines fameuses, une religiosité rhénane est cristallisée dans ces cathédrales, une volonté rhénane suscite ces
centres industriels organisés. C'est autour de ces trois groupes de monuments
que nous entendons explorer l'âme rhénane et de notre mieux saisir le Génie
qui sommeille au bord du fleuve.

A chacune des ruines du Rhin est
attaché tout un cycle de légendes. Nous
ne mépriserons pas les légendes, dans
l'ordre de recherches où nous sommes
engagés. Une légende, c'est plus qu'un
rêve, c'est une persistance qui se pro-
tège en s'enveloppant de vapeurs dignes
de la faire aimer. Le légendaire du Rhin
n'est pas fait des simples jeux de l'imagination effrayée ou séduite. Dans les
valeurs épiques et morales qu'il contient, nous saurons discerner un produit de la réflexion populaire et les dispositions mêmes de l'*esprit rhénan*.

Les cathédrales du Rhin, ses églises,
ses couvents, ses chapelles nous mettent
en communication avec le *cœur rhénan*,

mais mieux encore ses hôpitaux, ses orphelinats, toutes ses institutions religieuses et charitables. Car ses cathédrales sont un monument de la foi universelle ; mais ses organisations charitables témoignent d'activités toutes modernes et régionales.

Les industries du Rhin, ses campagnes cultivées, ses fermes modèles, ses bateaux, ses canaux, ses chemins de fer, ses cartels et ses syndicats, où persiste quelque chose de l'ancienne vie corporative disparue chez nous, nous renseigneront sur l'effort de travail, l'application organisée, bref *la volonté* des populations rhénanes.

Esprit, cœur, volonté, voilà les trois chapitres de notre cours.

Quel est le caractère exact de ces diverses manifestations imaginatives, religieuses et sociales de l'âme rhénane? Comment se sont-elles produites et qui les a guidées? Quels éléments sont nécessaires pour les favoriser et les diriger, pour leur donner une direction utile et une valeur pratique? Je ne prétends pas vous apporter toutes les réponses à toutes ces grandes questions. Plusieurs d'entre elles seront plutôt posées que résolues par ma présentation.

Je suis venu à Strasbourg et dans cette maison de hautes recherches scientifiques, comme dans le milieu où je trouverais les hommes qui peuvent le mieux étudier ces problèmes vitaux et en saisir la portée éternelle... Je soumets mes préoccupations aux maîtres éminents qui me font l'honneur de m'écouter, à leurs élèves qui voudront peut-être s'y intéresser, à tous ces grands industriels de l'Alsace et de la Lorraine qui depuis longtemps déjà jouent un rôle prépondérant dans la vie économique du Rhin. J'apporte des faits et des idées, pour susciter d'autres faits et d'autres idées qui me complètent ou me rectifient. Tout cela en vue d'un résultat positif. Il importe autant de jauger les aptitudes morales de la Rhénanie que ses aptitudes matérielles. Et les unes et les autres sans y mêler nos émotions de la guerre. Objectivement. Il faut que nous étudiions l'esprit du Rhin comme d'autres étudient sa navigabilité. Des faits, et encore des faits, dussions-nous paraître froids. La chaleur sera en dessous.

Puisse cette chaleur nous aider à fondre cette gangue prussienne qui a dénaturé sur tant de points les aspects rhénans ! Il n'est pas nécessaire d'avoir fait de l'étude de l'Allemagne une spécialité pour savoir que l'État des Hohenzollern n'a installé sur le Rhin ses méthodes qu'à la suite d'habiles extensions territoriales, d'intrusions systématiques, de mariages prussiens. Les armées d'observation que Berlin, au cours du dix-neuvième siècle, chaque fois que s'agitait l'esprit révolutionnaire de l'Occident, faisait manœuvrer sur les frontières de la Belgique, du Luxembourg et de la France, n'ont été que trop souvent les messagères de l'esprit pangermaniste. Pourquoi des sou-

venirs français n'aideraient-ils pas à restituer leur vraie dignité à ce pays que
le flot prussien croyait avoir décidément submergé?

J'ai confiance que mes paroles descen-
dront le fleuve. Mais immédiatement, ma
réussite serait que mes propos inachevés
fussent complétés par des travailleurs qui
sont ici à pied d'œuvre, que des solutions, fragmentaires dans mon esprit, re-
çussent ici leur complément par une collaboration qui dépasse mon séjour parmi
vous, et que l'esprit d'entreprise de l'Alsace sût apporter, à des problèmes que la
France aperçoit sans toujours les connaître, leur meilleure réalisation.

Une des plus touchantes légendes qui
dans le passé ont associé la Rhénanie
mosellane à l'Alsace médiévale, c'est
celle de saint Hydulphe, évêque de
Trèves, rendant la vue à sainte Odile.
Pouvons-nous espérer qu'une Rhénanie
à laquelle nous voudrions ouvrir les
yeux sur ses intérêts de demain y soit
conviée par une parole venue d'Alsace?

II

LA VIE LÉGENDAIRE DU RHIN

· MESDAMES, MESSIEURS,

Nous avons une tâche à remplir sur le Rhin. Par quels moyens? Selon quelle méthode? C'est ce que nous ne saurons qu'autant que nous connaîtrons et comprendrons l'âme des Rhénans. Aussi sommes-nous réunis pour évoquer le Génie du fleuve, et qu'il nous soit rendu intelligible dans toutes ses parties.

Voilà le but positif où tendent ces leçons. Voilà pourquoi nous avons le droit de les donner dans cette illustre Université, dans une maison consacrée à la haute recherche scientifique. Nous l'avons expliqué dans notre conférence-prologue, et aujourd'hui, pour entrer en plein dans notre sujet, je vous propose que nous examinions les légendes et le folklore du Rhin.

Si nous sommes faits de la même étoffe que nos rêves, ne devons-nous pas chercher à savoir à quoi rêvent les Rhénans? Les prestiges et les magies dont ils peuplent les rumeurs du fleuve et de la nuit, c'est important à étudier pour qui veut connaître leur formation et leurs aspirations. Ah ! certes, les Rhénans songent à d'autres réalités encore qu'à celles qui s'expriment dans leurs légendes, et c'est ce que nous verrons successivement ; mais la connaissance exacte des faits et des personnages qui émeuvent leur imagination, la connaissance du monde d'idées et de sentiments où ils s'exaltent, la connaissance de ce qu'ils appellent et de ce qu'ils se rappellent, nous serait un précieux indice sur leur nature historique et sur le chaos éternellement fécond qui se cache, au-dessous de la Rhénanie ordonnée, dans les profondeurs du fleuve : ainsi je souhaite que, de cette matière confuse et mouvante du folklore, nous nous fassions d'abord des idées claires.

Le Rhin, c'est le pays des légendes et des beaux paysages profonds comme des musiques. Lisez les récits des voyageurs français ou étrangers : le fleuve et ses affluents leur apparaissent toujours comme des corridors entre des sites hantés. Même interprétation des musiciens, des peintres et des lithographes. Ils laissent ainsi en dehors beaucoup d'éléments d'intérêt, et ceux-là mêmes qu'ils retiennent pourraient être considérés d'une tout autre manière que n'a fait leur romantisme, mais c'est un fait qu'il n'est pas de contrée plus chargée que celle-ci des vestiges du passé.

Il y a tel endroit du vignoble palatin d'où l'on compte treize burgs tout à la ronde, et les pentes du Mont Tonnerre ne portent pas moins de dix monastères.

Nous ne dresserons pas un catalogue des ruines de la Rhénanie : — vieilles

pierres celtiques perdues sur les som-
mets, et que dans le pays on appelle les
rochers des fées ; — innombrables témoignages des cinq siècles de l'époque
romaine, puissants édifices de Trèves et
de l'Eifel, aqueducs, postes de garde au
long des vallées, villas avec leurs pavés
de mosaïques, bains, ateliers de pote-
ries, cimetières avec leurs urnes, temples
avec leurs autels ; — frustes souvenirs
des palais des rois et des empereurs
francs, de l'Ingelheim près de Mayence
et de l'Emmaburg près d'Aix-la-Chapelle, Pfalz de Charlemagne jadis ornés
des colonnes de marbre amenées de Ra-
venne ou de Rome ; — forteresses du
Saint-Empire, entre lesquelles au premier rang le Trifels où l'on gardait la
couronne, le sceptre, le globe, la dalma-
tique de Charlemagne, ses gants dorés,
constellés de rubis, son glaive et son aube
de velours blanc avec la sainte lance
et la couronne d'épines de Notre-Sei-
gneur ; — repaires des chevaliers pillards, postes de douane établis dans les

cols et sur les fleuves, résidences des grandes familles nobles, des princes de Leiningen et des comtes sauvages ; — monastères, chapelles, abbayes, dont la plus ancienne est l'abbaye des Bénédictins de Klingenmunster, fondée en 674 par le roi Dagobert... Nous n'énumérerons pas ces ruines ; elles sont trop, et puis elles parlent un langage que nous sommes pressés d'entendre.

Chacune d'elles a sa légende. D'un bout à l'autre du fleuve, c'est une rumeur ininterrompue des burgs, des rochers, des monastères et des gouffres. Une rumeur d'une incomparable variété, où semble bruire toute la riche histoire de la vallée du Rhin, et qui fait à elle seule un tout organique, une symphonie à part dans le concert merveilleux du folklore germanique.

A passer un certain temps dans la familiarité des légendes germaniques d'outre-Rhin, on en garde l'impression d'une ambiance hostile, d'une lutte à peu près impossible de l'homme contre des puissances mystérieuses, de l'œuvre humaine perpétuellement défaite par des êtres jaloux, des fatalités naturelles qui semblent ressortir de partout. C'est même le pathétique de ces terribles luttes qui confère le plus fort de son émotion au lyrisme populaire d'outre-Rhin (1). Au contraire, à s'attarder avec les légendes rhénanes, on se sent au contact d'un héroïsme qui veut triompher des forces confuses de la nature et de la bestialité, ou bien encore au contact des faiblesses et de la fragilité du cœur humain que l'imagination populaire tâche de consoler. Rien du chaos nocturne des légendes du Brocken, rien de ce qui vient de la Baltique et de ces pays de sable et d'horizon indéfini où l'homme se débat perpétuellement sous des inimitiés insondables et farouches. Cette mythologie germanique primitive, avec ses tourbillons inhumains et ses déchaînements d'éléments dévastateurs, semble plutôt superposée qu'indigène dans les créations de l'imagination rhénane. Elle n'y apparaît que par infiltration du dehors. C'est de ses expériences propres que le peuple rhénan forme ses légendes. Comme son poète le plus fameux, il a fait des petites chansons avec ses grandes douleurs et ses joies, avec ses épouvantes et ses émerveillements. Sa tradition a retenu des événements juste ce qui peut tenir dans cette espèce de musique de la mémoire qu'est le folklore. Le folklore du Rhin est local (1).

C'est d'immense importance et vaut que nous nous en rendions un compte exact par l'analyse. Mais le monde des légendes est diffus, imprécis par nature. Le flot de l'imagination populaire charrie pêle-mêle les souvenirs les plus disparates. Pour que nous nous retrouvions dans ses courants, voulez-vous que nous considérions tour à tour les légendes où la vie primitive du fleuve s'est reflétée, ensuite celles où des événements historiques ont fourni des noyaux de cristallisation à l'élément populaire?

Légendes de conflits humains avec les forces inconnues, légendes de personnalités historiques laissant un souvenir lumineux de leur passage et de leur action : essayons de surprendre dans ces deux zones souvent entremêlées, mais que nous tâcherons de maintenir séparées, les traits principaux de la sensibilité des pays rhénans.

* * *

Lorsque nous songeons d'une manière générale à la poésie légendaire germanique, nous évoquons immédiatement les sorcières d'une nuit de Walpurgis, les chasseurs sauvages galopant dans le ciel, les gnomes et les lutins sortant des cavernes souterraines, les Elfes dansant dans les prairies. On y respire l'impression de terreur provoquée par des puissances méchantes, la crainte d'une volonté hostile, un sentiment maladif du mystère. La Germanie tire sa légende d'une expérience presque uniformément douloureuse et obscure. Son paysage est peu délimité, bien mal humanisé : plaine marécageuse ou sablonneuse, immenses plateaux, mornes étendues de sapins, mer aux rivages sans joie. Tout cela engendre une figuration macabre, des cauchemars de nécromant, un personnel imaginaire où la sorcière, le réprouvé et la victime sont surtout en évidence (1).

Ce monde-là, nous le retrouvons dans les légendes du Rhin, mais avec des traits qui l'apparentent à notre monde légendaire des Ardennes, de la Meuse et des Vosges, et d'une manière générale aux personnages de la mythologie celtique et latine. Au souvenir des aventures qui hantent leurs veillées, les bonnes gens s'attendrissent d'une manière tout humaine, s'émeuvent avec les victimes au cœur tendre, et ne se rendent jamais complices des forces déchaînées dans la nature ou dans l'homme.

Il y a là une caractéristique légendaire fort différente de celle qui attribue à des monstruosités ou à des brutalités impossibles à maîtriser une valeur stupéfiante et un horrible prestige.

Quel saisissant contraste forment avec
cette noire population les sorcières, les
chasseurs sauvages et les lutins qui promènent dans les paysages du Rhin leur
bonne grâce familière, leurs caractères
aimables et touchants !

Nous trouvons des sorcières surtout
dans les cycles de la basse vallée du
Rhin et de l'Eifel, mais qu'elles ressemblent peu aux sorcières du Brocken !
Celles-ci se livrent à la magie, la nuit,
attendent Satan leur compère et nouent
sous sa conduite des rondes ordurières
et sans grâce. En opposition avec ces
personnages dangereux et méchants, les
sorcières du Rhin font voir un élément
douloureux et humain. Ce sont de
malheureuses enfants dont le charme
ensorceleur causa la perte. Par exemple,
Gertrud Thule, de la petite ville d'Ulmen dans l'Eifel, qui épousa le forgeron Conrad, et celui-ci désespéré d'avoir
épousé une sorcière se fait mourir.

Pauvres femmes, jadis dénoncées à l'évêque et condamnées à mort pour crime de magie, pitoyables héroïnes, poétisées par la légende, des innombrables procès de sorcellerie qui désolèrent ces régions, au point qu'à Trèves, en six ans, trois cent soixante-huit personnes furent condamnées à mort pour crime de sorcellerie et que, dans certains villages de l'Eifel, il ne restait plus deux vivantes.

Le chasseur sauvage parcourt les vallées encaissées de la Nahe. En Rhénanie, comme en Alsace, les légendaires l'ont vu passer, mais ce n'est pas le personnage des épaisses forêts du Hartz évoqué dans la fameuse ballade de Bürger, cruel, tuant tout sur son passage, possédé par l'ardeur assassine. Le chasseur rhénan n'est qu'un chasseur impie qui chassait un dimanche ; la biche qu'il poursuit va se réfugier chez un ermite, et lui, la foudre le jette à terre. Histoire très simple, tout humaine, propagée autour des couvents pour l'adoucissement des mœurs.

Quant aux lutins qui habitent en foule la montagne palatine et la basse vallée du Rhin, de Coblence à Cologne, quelles charmantes gens et combien différents des gnomes et des kobolds d'outre-Rhin tapis dans les entrailles de la terre et dans les noirs royaumes de Niellheim! Ces nains d'outre-Rhin ne sortent de leurs abris que pour troubler les activités humaines, et ne consentent à aider l'effort de l'humanité primitive que contre des rançons ou des gages pénibles, inexécutables. Au contraire, les lutins des villages et des villes de la Rhénanie sont vraiment de petites divinités domestiques. Ils vivent tout effarouchés, transis, maltraités par les hommes qu'ils comblent de leurs bontés et qui ne veulent pas se soumettre aux conditions bien modestes pourtant qu'ils leur doivent imposer. — Autrefois, les habitants de Cologne ne travaillaient pour ainsi dire pas. Le gros de leur besogne était fait par les lutins. Un jour, les lutins cousaient le vêtement du maire ; la femme du tailleur, curieuse, voulut voir comment ils s'y prenaient : les lutins l'aperçurent et fort courroucés désertèrent la ville. Depuis ce temps, les gens de Cologne doivent travailler. — A Ohlenberg, village voisin de Linz sur le Rhin, les lutins prêtaient aux paysans leurs chaudrons, pour faire leur cidre, à condition d'en recevoir quelques brocs. Les paysans cherchèrent à les tromper et leur donnèrent du cidre falsifié. Le lendemain, le passeur d'Erpel entendit, la nuit, par-dessus le fleuve, une voix qui le réveilla et lui commanda d'amener sa barque. Il obéit, et, en arrivant à la rive, ne vit personne. Cependant sa barque se remplissait, car il entendait des piétinements et elle s'enfonçait. Une voix lui commanda d'aborder en pleine campagne. Les invisibles passagers en débarquant remplirent sa casquette d'or. C'étaient les lutins d'Ohlenberg qui se retiraient dans l'Eifel.

C'est un fait que les pauvres lutins

du Rhin, malheureux d'imagination, at-
tristés par les manques d'égards, effarouchés des hommes et de la vie qui
redevenait barbare, se sont réfugiés pour
finir dans la montagne de l'Eifel auprès
des charbonniers et des mineurs, plus
hospitaliers que les gens des villes. Ces
lutins ne seraient-ils pas les dieux lares
et les pénates de l'époque romaine, chas-
sés par les croyances nouvelles et obligés
de s'enfuir dans la montagne? Ils s'y
font extrêmement bien voir. Les lutins
du château de Blankenheim sauvent la
fille du chevalier Richard, qu'un bri-
gand déguisé en pèlerin voulait enlever.
Ils s'offrent aux valets de l'abbaye de
Maria Laach pour monter la garde à
leur place autour des vignes, à condition de recevoir un panier plein de raisins. Mais à leur gentillesse se joint toujours la même timidité. Ils sont secrets.
Extrêmement curieux, désireux de tout
voir, ils craignent d'être vus. Les lutins
du petit village de Speicker veulent regarder une noce par la fenêtre. Ils sont

découverts. L'un d'eux, en se sauvant, perd sa pantoufle d'or.

A la famille de ces gentils lutins mosellans appartiennent les esprits que l'on rencontre dans les montagnes du Palatinat, où ils vivent familièrement avec les ouvriers des mines de cuivre, de fer et de mercure. Ils n'y deviennent pas rudes, grossiers, intéressés, exigeants comme leurs collègues d'outre-Rhin. Ce ne sont pas des divinités de caverne, mais des proches parents des fées et des nains que nous voyons évoluer avec tant de politesse et de grâce dans les Contes de Perrault. Ils ne sont pas de la cour, mais ils sont sociables. Exactement, ils sont professionnels.

Toute cette humanité de la mythologie rhénane, qu'est-ce à dire? Qu'ici le soleil sait dissiper les brumes qui traînent dans le manteau du roi des Elfes. Nous ne sommes pas sous un ciel où les difformités paraissent des puissances. La nature des pays rhénans n'inspire pas à ses habitants le frémissement de terreur dont la course éperdue des nuages du Brocken, les brumes de la Baltique, les forêts insondables de la Germanie primitive ont hanté d'autres imaginations. Ce n'est pas sur le Rhin que peuvent naître Wotan, le dieu borgne, ni le Chasseur sauvage qui galope, la tête retournée vers la queue de son cheval. L'Eifel même, la seule partie de la Rhénanie qui soit déshéritée à l'égal des pires solitudes du Nord, n'a été peuplée de personnages hostiles que par l'effort des germanisants ; les habitants des douces vallées et des villes policées du bas pays n'avaient jamais imaginé des hantises et des peuplements de terreur. Il a fallu que cette figuration d'horreurs vînt de toutes pièces des troubles forêts de la Germanie la plus brutale.

La plus célèbre, la plus souvent chantée de ces figures mythiques du pays rhénan, — on a nommé la Lorelei, — nous permet de voir au clair, au net, et, pour ainsi dire, de toucher du doigt par

quelle contamination un fait divers simplement humain s'est transformé en une
image profondément inquiétante des
forces naturelles. Armons-nous de clair-
voyance et d'un cœur solide, pour aborder, de ces créatures de légendes, la plus
séduisante et la plus gentiment perverse.

Il existe sur le fleuve un triste rocher
solitaire au pied duquel périrent de nombreux pêcheurs engloutis dans les tourbillons. Les humanistes des quinzième et
seizième siècles, Konrad Celtes et Fréher,
rapportent qu'on y voyait des oréades,
des divinités forestières et des dieux
pans, *panas, sylvanos, oreades, silvicolas
deos*. Rien, alors, de la Lorelei. Elle apparaît pour la première fois dans une
poésie des débuts de Clément Brentano
(en 1799). C'est une enfant de Bacha-
rach, d'une beauté merveilleuse, qui
passe pour sorcière et sur cette réputation vient d'être abandonnée par son
fiancé. Elle se désole et demande à
l'évêque qui la juge d'être envoyée
au couvent. Trois chevaliers l'accom-

pagnent. Mais en passant sur le rocher, elle se précipite de désespoir dans le fleuve, et les trois chevaliers périssent derrière elle. Il n'y avait là qu'une vieille histoire de douleur, l'écho de quelque procès de sorcellerie, que Brentano plaçait avec goût dans ce décor de brume et de danger pour donner l'illusion de la vie. Mais voici qu'un Silésien, le baron Joseph de Eichendorff, et un Saxon, le comte Henri de Lœben, s'emparent de cette simple anecdote, la reprennent, la dénaturent et lui donnent un pathétique d'une autre sorte. Ils font de Lorelei un personnage mythique qui cause la perte des chevaliers, quand ils traversent la forêt voisine ou passent en barque sur le Rhin. Cette confuse invention du romantisme d'outre-Rhin, en 1823, le jeune Henri Heine la reprend, tandis que, dans le même temps, Clément Brentano modifie son premier thème de 1799. Sur le rocher désolé de Lorelei, étincelant des mille feux du soleil couchant, ils font apparaître l'oréade qui peigne ses cheveux d'or avec un peigne d'or. Et voilà créée, désormais fixée, la plus charmante fantaisie qui ait jamais jailli des âmes rhénanes. Les Rhénans, dociles et faisant volontiers du lyrisme sans se préoccuper de sa qualité foncière, ont accepté une modification que de Saxe et de Silésie on apportait à leur folklore indigène. Ils ont transmué en poésie des éléments d'outre-Rhin. Mais leur disposition naturelle est trop tournée vers la plasticité délicieuse d'autres contrées pour que cette interprétation acquière un accent bien farouche. La Lorelei reste une figure douloureuse plutôt qu'une divinité dévorante et impitoyable.

C'est de quoi les tançait un mythologue d'outre-Rhin. Alexander Kaufmann, dans son livre sur les *Sources des légendes rhénanes recueillies par Simrock* (1862), a relevé le contraste qui existe entre notre Lorelei du Rhin et son analogue foncièrement germanique, la séductrice Holda, quand celle-ci chante dans

les vallées rocheuses de l'autre rive, et
entraîne à travers les bois un voyageur
qui n'a même pas l'angoisse d'une résistance et qui se laisse aller, corps et âme,
à une sorte de joyeuse perdition. « La
coquette ensorceleuse Lorelei, écrit-il,
dont les chants causent irrémédiable-
ment la perte de ceux qui les écoutent,
représente la poésie moderne inquiète,
tourmentée, qui conduit irrésistible-
ment au désespoir et à la folie, tandis
qu'Holda, c'est le romantisme éternel,
profondément vrai, joyeux, qui entraîne
celui qu'il séduit et l'enchante de ses
chants pleins de beauté, d'harmonie et
de mystère, comme le clair-obscur de
la forêt. » Qu'est-ce à dire? Une pensée
fort nette : pour Kaufmann, le thème
de Lorelei suppose une résistance, un
scrupule chez la victime de tant de séduction, mais l'abandon joyeux avec
lequel on cède à Holda signifie une abdi-
cation totale de l'être, un élan brutal,
déchaîné par la séduction primitive. Le
don sans réserve et forcené de soi-même,

la spontanéité sans frein, voilà ce que la déesse Holda détermine chez ses suivants avec une violence sauvage, alors que les nautoniers victimes de Lorelei ont tenté de diriger leur esquif en dépit de la séduction de ses chants. Et ce Germain d'outre-Rhin reproche à la légende rhénane un fond de sagesse odysséenne, un « Méfiez-vous du charme ensorceleur de la Sirène ». Cet esprit de mesure l'inquiète. Il y voit le fait des peuples abâtardis, malades par manque d'audace. Eh ! quoi, dit-il, ne sommes-nous donc plus entre purs Teutons ? Ce germaniste s'offense de soupçonner qu'une fable d'inspiration classique a pu s'installer sur le fleuve dont sa convoitise rêve précisément de faire, non la frontière, mais le centre spirituel, le lieu sacré de la Germanie.

*
* *

Accueillantes aux faits divers où l'humanité se déploie, défiantes à l'égard des prestiges désordonnés de la nature sans contrôle, les légendes rhénanes devaient faire une place d'élection aux faits et aux figures qui exaltent une action civilisatrice. La légende du Rhin est avant tout une légende historique. Les personnages mythiques n'y constituent qu'un accompagnement charmant, une frange d'or jointe à des aventures et à des émotions empruntées à la riche histoire de la vieille vallée. Elle nous donne l'écho des grands courants de la civilisation, dans l'âme d'une population qui veut surtout retenir ses heures bienfaisantes et paisibles. Elle s'attarde moins à nous conter les passages d'invasions, les destructions auxquelles ce pays de frontières a été voué, les coups du fléau de Dieu et des hordes guerrières, qu'à célébrer les activités constructrices des grands bâtisseurs et des grands soldats de l'époque romaine, l'œuvre des apôtres convertisseurs et édificateurs de lieux saints, les bienfaits des rois d'Austrasie, les exploits de Charlemagne et de ses preux, jus-

qu'aux meilleurs des empereurs allemands, et, pour finir, la gloire de Napoléon Ier entouré de ses vétérans. Et dans
chacun de ces thèmes apparaît l'instinct
de gratitude naturel à ces populations,
une gratitude qui semble s'être cristallisée autour des personnalités bienveil-
lantes et créatrices.

Que ne pouvons-nous, sans compter
notre temps, ouvrir le dossier? J'y voudrais feuilleter d'âge en âge, et couche
par couche, la mémoire du Rhin. Il serait facile d'y apprendre à connaître,
dans son développement organique, la
représentation que se fait du passé le
génie rhénan. Nulle matière qui soit plus
certaine et plus belle. Et si vénérable de
vieillesse ! La plus ancienne légende du
Rhin repose (tel un bijou barbare dans
une monture savante) dans une lettre
de l'empereur Julien, écrite en langue
grecque, où il conte que les Celtes qui
habitent le fleuve plongent leurs enfants
dans ses eaux, pour se rendre compte
s'ils sont de bonne naissance. Le Rhin

sait bien si les enfants sont légitimes ou non. « L'enfant légitime est porté par le flot et rendu à sa mère angoissée, le tourbillon engloutit les autres. »

Une longue promenade, comme on voit, celle que nous offre le légendaire rhénan, et qui nous montrerait la sérieuse âme énane toujours attentive à demander 'e bons conseils aux forces de la nature comme aux forces humaines. Mais le temps nous presse, et nous devons nous contenter d'un classement sommaire.

Voici d'abord le florilège des légendes romaines, dan la Trèves des Césars et dans les castels des Légions, qui s'égrènent le long des vallées. Ici c'est un architecte qui fait couler le vin de Trèves à Cologne par un aqueduc merveilleux ; ici c'est un conflit ouvert entre un constructeur d'amphithéâtre et un constructeur d'aqueduc, entre un constructeur d'aqueduc et l'architecte de Cologne (1). Là naissent, au mépris de l'histoire, de futurs empereurs romains en plein camp des légions installées sur le

Rhin; là encore l'empereur Constantin s'éprend d'une fille d'auberge qui deviendra sainte Hélène. A la frontière alsacienne, près de Bergzabern, erre dans les ruines romaines l'ombre de la princesse Petronella, qui fut à son époque une merveille de charité. Et dans les rues de Trèves rôde encore, chaque nuit, l'esprit de Riccius Varus, le préfet de Dioclétien qui fit massacrer la légion thébaine.

Puis vient le cortège, nimbé d'une sainte lumière, des grands apôtres qui apportèrent l'Évangile. Leurs légendes reposent dans les chapelles et les monastères, sur les collines qui gardent encore leurs noms, la colline de saint Dissibold l'Irlandais, la colline de saint Pirmin, la colline de saint Remy, l'évêque de Reims ; elles se marient aux légendes des grandes saintes du Rhin, sainte Nizza, petite-fille de Louis le Débonnaire, sainte Hildegarde, sainte Geneviève de Frauenkirch, sainte Ida, cousine de Charles Martel.

Parmi les pacificateurs qui apportèrent au peuple rhénan, après la période des grandes invasions, un peu de
bonheur et de repos, la montagne palatine n'oublie pas le bon roi d'Austrasie
Dagobert, qui tenait cour de justice à
son château de Landeck, et savait châ-
tier les grands du royaume s'ils se rendaient coupables de méfaits. Mais de
Mayence à Cologne, c'est surtout le
grand empereur Charlemagne que chante
la légende. Celui-là est bien chez lui dans
cette vallée, et son expédition fameuse
contre les Saxons s'affirme nettement
comme une victoire de la civilisation
sur la barbarie. Aussi, quand il revient
des troubles pays d'outre-Rhin, une
biche le guide vers le passage le plus
facile du Main. Le voici envoyant un
messager à Orléans pour en rapporter
des vignes, qu'il fait planter dans la
plaine de Rudesheim. Le voici qui rentre
dans son château d'Aix-la-Chapelle au
milieu des acclamations populaires, alors
qu'on le croyait disparu en Hongrie. Le

voici éveillé la nuit par un ange, qui l'avertit que ses ennemis s'avancent pour l'attaquer. Le voici rêvant au bord de l'étang où fut jeté l'anneau d'or de l'impératrice Fastrada. Le voici enfin qui remonte le Rhin, au clair de lune, en bénissant les raisins (1).

Puis les légendes de Spire, de Worms, de Kaiserslautern et du Trifels s'appliquent à recueillir, au milieu des périodes troublées du Saint-Empire, les bienfaits épars des empereurs allemands, de Conrad, de Barberousse et de Frédéric II (2).

Et ainsi l'on arrive à la grande époque napoléonienne. C'est en vain que des poètes prussiens comme Ruckert se sont efforcés de mêler des traits hostiles à la légende de l'Empereur (3). Le petit homme au bicorne, à la redingote grise, au nez d'aigle, les bras croisés, tel qu'il se dressait sur les pyramides d'Égypte, sur les décombres fumants de Moscou, sur le rocher désert de Sainte-Hélène, vit pour toujours dans l'imagination légendaire du Rhin. C'est le grand empereur qui ne peut pas mourir et qui reviendra, un jour, à la tête de ses fidèles (1). Il se lève la nuit de son tombeau et passe en revue ses troupes. Partout les gens de l'Eifel et de la montagne palatine le reconnaissent dans la silhouette des rochers. Écoutez ce qu'en dit l'écrivain palatin Becker : « A la frontière du Palatinat, au nord de Wissembourg, se dresse un rocher appelé dans le pays le rocher de Napoléon. Avec un peu d'imagination, on y croit voir un buste colossal du grand empereur français. Le peuple a placé son héros à la frontière de deux grands empires, dont il abaissa l'un et éleva l'autre. Il se dresse comme un puissant rocher contre lequel se brisent les tempêtes et que survole le faucon, semblable à l'aigle impériale qui planait au-dessus des mondes (2). »

Autour de lui, la légende rhénane groupe ses fidèles vétérans du Rhin. Elle célèbre Spohn, le petit menuisier de Coblence qui, devenu caporal au

36e régiment d'infanterie, sauva la vie à Napoléon dans la journée d'Austerlitz en lui prêtant son shako (1), et, Antoine Hermann, dit Schwartzer ou le Noir (2), natif de Sarrelouis, qui lança à l'Empereur la fameuse réplique : « Quand même tu serais le Petit Caporal, tu ne passeras pas. »

Pour tous ces serviteurs de la France napoléonienne, si vite entrés dans la légende, la Rhénanie a fourni deux artistes, Heine et Schumann, dont les *Deux Grenadiers* symbolisent un attachement qui dure même après la défaite (3). Et aujourd'hui encore, chaque année, des cérémonies émouvantes ramènent aux monuments des morts de la Grande Armée les familles des vétérans disparus (4).

Voilà le Panthéon légendaire des populations rhénanes (5). La vallée s'ouvre largement à toutes les influences du dehors. Ses héros sont ceux de la grande histoire universelle. D'où qu'ils viennent, elle accueille leurs activités bienfaisantes. Elle nationalise toutes les figures qui, à travers les siècles, lui furent tutélaires. Et pourtant ces légendes n'ont aucune banalité cosmopolite : d'un caractère profondément humain, elles appartiennent en propre aux populations rhénanes, au même titre que leurs ruines et que leur histoire. Elles sont faites de leur chair et de leur sang, de leurs souvenirs les plus amers, et surtout de leurs espérances et de leurs réconforts (1).

*
* *

Depuis des siècles, ces riches imaginations vivaient et mouraient sans gloire aux humbles foyers des familles rhénanes, quand le pays devint français. Sous le régime de prospérité et de paix que Napoléon lui assura, il se plut alors à respirer les fleurs de son passé. Sous la protection tutélaire de la France et de ses armées, les Rhénans aimèrent à recueillir leurs légendes et à les mêler aux émotions heureuses et tranquilles de leur vie réorganisée.

Nos fonctionnaires encouragèrent cette disposition des esprits et ce culte des souvenirs. La survivance du passé dans les imaginations rhénanes leur parut bonne à favoriser, puisqu'elle allait dans le sens de la meilleure civilisation. Les préfets du grand Empereur ne voyaient rien dans le cycle légendaire des Césars romains et de Charlemagne qui fût en opposition avec l'idéal qu'ils entendaient faire prévaloir sur le Rhin. Avec Jeanbon Saint-André, ils se sont passionnés pour l'histoire rhénane (1). Sans doute plus d'un d'entre eux partage pour le moyen âge le dédain des idéologues révolutionnaires, mais ils distinguent que l'histoire, prise dans sa profonde vérité, travaille avec leur administration et avec les initiatives françaises, en Rhénanie (2).

Les deux plus grands musées du Rhin, le musée provincial de Trèves et le musée Walraff de Cologne, ont été formés sous la protection bienveillante des autorités impériales. A Cologne, en l'an XII, notre administration remit à l'abbé François Walraff, qu'elle avait nommé inspecteur des antiquités, une partie des bâtiments de l'archevêché, pour qu'il y installât ses collections. Les historiens de Cologne l'appellent « le bon génie de la ville »; on peut encore l'appeler le père des musées du Rhin et le maître des frères Boisserée, dont on sait qu'ils présidèrent au développement de tout le mouvement de l'art rhénan. C'était un grand ami des Français, l'abbé Walraff, comme en témoigne le poème qu'il composa en l'honneur de Napoléon et de l'impératrice Joséphine. A Trèves, avec l'appui du ministre de l'Intérieur Claude Chaptal, et du préfet Keppler (un Alsacien), la « Société des recherches utiles du département de la Sarre » rassemblait, dès l'époque impériale, la magnifique collection qui forme aujourd'hui le fond du musée provincial de Trèves.

Même après la chute de l'Empire, les archéologues français restèrent en relations avec les chercheurs du Rhin et s'intéressèrent à leurs travaux, à leurs fouilles. Sulpice Boisserée trouva à Paris un appui très cordial pour la réalisation de ses projets. En juin 1846, les savants français, descendus à Trèves après un congrès qu'ils venaient de tenir à Metz, trouvèrent le meilleur accueil près de leurs confrères rhénans. Et l'un de ceux-ci, le Coblençais Auguste Reichenperger, fonctionnaire prussien à Trèves, notait dans ses carnets combien furent radieux ces quelques jours et quel souvenir enchanteur il garde des courts instants passés avec M. de Caumont, le fondateur de la Société archéologique française. « Il est étrange, écrit-il, que l'Association des architectes allemands s'abstienne de faire quoi que ce soit, dans ses écrits ou dans ses actes, pour la conservation des splendeurs monumentales du Rhin et de la Moselle, et que ce soit du pays français que nous vienne une troupe d'amis enthousiastes de l'art. »

Ainsi raisonnent les archéologues

du Rhin, et qu'ils soient du Rhin ou
d'outre-Rhin, il faut bien que les érudits constatent que le folklore, lui aussi,
reçut un appui de la France impériale.
Le professeur allemand Otto Boeckel,
spécialiste des questions de poésie populaire, note que Napoléon est le premier
qui ait voulu en France faire établir
et publier un recueil de poésies populaires. Et c'est un fait qu'en 1804, l'Académie celtique qui venait de se fonder
à Paris, sur l'initiative de Dulaure,
dressa un questionnaire dont la diffu-
sion fut très grande sur le Rhin. Il éta-
blissait une méthode pour recueillir
d'urgence les patois, les contes, les su-
perstitions, tout ce dont la chute de
l'ancienne société hâtait la fin et sonnait
le glas. Grimm reçut outre-Rhin ce pré
cieux document et s'en trouva singu-
lièrement incité à l'action.

Cette vive impulsion française encouragea les populations rhénanes dans leur
disposition naturelle à protéger les vestiges de leur passé et à recueillir leurs

légendes. Au temps napoléonien, on voit un vaste mouvement populaire se développer dans les pays rhénans pour la protection des ruines. Des associations d'habitants se forment pour réveiller et déblayer, dans le Palatinat, les fameux burgs de Hartenburg, de Hambach et de Trifels, perdus au milieu des broussailles comme des châteaux de la Belle au Bois dormant. Sur le Rhin, la ruine de Rheinfels, qui fut la plus solide forteresse du fleuve, est achetée en 1812 par un bourgeois de Saint-Goar. Piété qui ne laisse pas d'être utilitaire, car volontiers un aubergiste s'annexe à la ruine, et rafraîchit dans la cave du vieux burg son meilleur vin du pays.

Après le départ des autorités françaises, ce mouvement populaire se continua avec toute sa pureté dans les vallées écartées de l'Eifel et du Palatinat. L'exemple le plus touchant de cette sensibilité locale qui ne se laisse pas recouvrir, nous est fourni par l'aventure de l'églantier du roi Dagobert. C'était sur les pentes du Hardt, au nord-ouest de Landau, un églantier géant séculaire qui, disait la légende, avait abrité le roi Dagobert, quand ce bon prince, poursuivi par les grands de son royaume, dut se cacher au milieu de ses fidèles paysans. En 1823, un orage brisa l'églantier. Alors un petit instituteur du village voisin de Frankweiller vint solennellement avec ses écoliers planter au même endroit un nouvel églantier. — Pour les légendes, de même, l'activité des petites gens du pays, instituteur et curé, put se poursuivre en paix, après l'Empire, sur la Moselle et dans la montagne palatine. L'instituteur palatin Auguste Becker passa des années à recueillir, dans les chaumières et sur les routes, les traditions populaires du pays. A Trèves, le professeur au jeune lycée impérial Philippe Laven put patiemment rechercher dans les archives et autour des ruines les vestiges des légendes de l'époque romaine.

Mais quelle différence dans la vallée

proprement dite du Rhin et dans les régions ouvertes aux influences du dehors ! Là, c'en est fini, après 1815, de la consolidation pieuse des monuments du passé et du docile enregistrement des légendes telles quelles. L'âge des restaurations, des interprétations et des reconstructions commence, l'âge d'une sensibilité d'outre-Rhin qui cherche à neutraliser la sensibilité rhénane. La Prusse a passé le Rhin en force. Elle s'installe, se carre dans les provinces rhénanes, et du même coup c'est une débauche de pierres. Les rois donnent l'exemple ; ce ne sont partout qu'ogives et créneaux moyenâgeux ; le prince Frédéric de Prusse reconstruit le château de Rhéinstein ; le prince Guillaume, le château de Sonneck ; le roi Frédéric-Guillaume IV, le château de Stolzenfels : et nous savons, par l'exemple du Hoh Kœnigsburg, ce que signifient, pour la fantaisie architecturale des Hohenzollern, des occasions comme celle-là !

Ainsi se transforment, d'une manière théâtrale et vulgaire, les vieilles silhouettes qui faisaient au-dessus du fleuve et sur tant de collines la parure caractéristique du pays rhénan. L'âme des ruines, du moins, je veux dire leur légende, subsistera-t-elle intacte sous les taillis de la forêt voisine? Eh! non, les pangermanistes de la tradition littéraire s'acharnent à la même besogne que les féodaux de la pierre taillée. Ils se sont donné pour tâche d'épurer et de compléter, bref, de reviser à leur gré le folklore rhénan. Reconstruction des légendes aussi bien que des châteaux. C'est l'heure de Grimm et de ses élèves.

*
* *

Quelle audacieuse ambition que celle du savant allemand, Jacob Grimm! Il ne veut rien moins que reconstituer la foi primitive et commune de toute la race allemande, et retrouver ainsi l'unité de l'âme germanique. Il veut restituer

aux Germains leur mythologie perdue,
en recueillir tous les vestiges à travers
les croyances populaires, les supersti-
tions et les contes du présent. Une foi
d'apôtre le porte. Les vieux dieux du
Nord ne sont-ils pas les plus beaux et
les plus excitants des patrons? La race
allemande n'est-elle pas la race ver-
tueuse et bonne, celle qui tient le plus
près de la divinité? La *Mythologie allemande* de Grimm va être, pendant tout
un siècle, le livre de chevet des mythographes allemands. Livre de chevet,
c'est trop peu dire. Elle sera leur conscience, leur Bible.

A la suite de Grimm, une foule
d'élèves zélés se préoccupent de retrouver dans les légendes rhénanes, elles-
mêmes, les épaves religieuses de la vieille
race païenne. Ces précieuses légendes,
ils les débarrassent des apports qui,
disent-ils, les déforment ou les troublent.
Il s'agit que resplendissent sans alliage
la grandeur et les vertus publiques du
peuple allemand.

Consultez les recueils de ces mythographes, tous composés vers le milieu du dix-neuvième siècle et qui, malheureusement, encore aujourd'hui, constituent presque notre seul instrument de travail, les recueils de Vogt, de Reumont, de Geib, de Kiefer, de Ruland, et surtout ceux de Schreiber le Badois et de Simrock le Rhénan, professeur à l'Université de Bonn. Vous verrez leurs patients et maladroits efforts pour retrouver à travers la légende celtique, romaine et presque chrétienne, la religion des ancêtres norrois. C'est jusque dans la figure du Barberousse ou du Napoléon légendaires qu'ils veulent retrouver les traits d'Odin ou de Wotan ! Et l'exemple parfait de cette invasion du germanisme dans le folklore rhénan nous est fourni par le cycle des légendes qui se rapportent à la Hohe Acht, le plus haut sommet de l'Eifel. Sur ce point, les élèves des frères Grimm amènent et installent les géants d'outre-Rhin. Ils y entendent les chants de la

Vénus germanique Holda. Ils y découvrent même la fleur bleue, la fleur essentielle des romantiques d'outre-Rhin, celle qui fleurit tous les cent ans, la nuit de Noël, et découvre à son possesseur l'accès des trésors cachés.

Le scandale allait trop loin. L'imagination rhénane s'inquiéta de ces déformations de ses plus chères fantaisies. Dès la fin du dix-neuvième siècle, les gens du Rhin, écrivains et professeurs, ont protesté tour à tour, avec des arguments divers, contre la sophistication d'une belle matière épique et humaine. C'est le professeur Wilhem Herz qui, dans son travail sur la Lorelei, parle des « recueils composés sans goût et sans esprit scientifique »; c'est l'écrivain Pauly qui, dans son recueil de légendes rhénanes (1917), accuse Schreiber d'avoir transformé le caractère grave et sévère d'un des plus beaux récits du Rhin, la légende des frères ennemis de Bornhofen, en y introduisant une fade histoire d'amour (1); c'est l'écrivain rhénan Wilhelm Schafer qui réunit (en 1914) trente-six légendes exclusivement rhénanes auxquelles il s'efforce de redonner leur « caractère épique », et qui, dans sa préface, critique avec ironie l'œuvre de versification de Simrock. Tous reprochent aux gens d'outre-Rhin d'avoir à l'excès chargé de sensiblerie et encombré de dieux étrangers les légendes du Rhin, d'avoir monté sur fil d'archal les fleurs spontanées du terroir.

En face de cette dénaturation, reconnaissons que Victor Hugo eut bien son mérite à redonner leur vraie substance aux figures déformées de la légende rhénane. Contre son voyage du *Rhin*, les reproches sont justifiés, si l'on se place au point de vue de la réalité immédiate : se donnant tout entier aux vestiges du passé, il n'a guère voulu regarder les indices de la vie contemporaine. Mais dans le domaine de la légende, ce sont bien les figures préférées de l'authen-

tique imagination rhénane que, presque
rhénan lui-même, il a su discerner. Il
arrivait sur le Rhin avec de mauvais
guides, Schreiber, comme légendaire,
Pfeffel et Lesueur comme historiens (que
M. Berret a encore vus dans la bibliothèque de Guernesey), et pourtant à
travers le fouillis, les branches para-
sites, il a retrouvé les linéaments des
premières végétations. L'indépendance
foncière ou les affinités occidentales du
pays renaissent à son appel (1).

Peu importe s'il a inventé (fort spiri-
tuellement, ma foi) l'inscription latine
du chevalier sans tête qu'il affirme avoir
lue sur une tombe de la montagne, et s'il
s'est livré à sa fantaisie dans le « conte
bleu » qu'il composa sous les murailles
du Falkenburg à la gloire du beau Péco-
pin ! Laissons ces crimes, que lui reproche
un écrivain allemand d'aujourd'hui. Son
coup d'œil fut clair et droit. Il sut lire le
paysage. Il ne s'embarrassait pas des
préoccupations nationales ou philoso-
phiques d'un Grimm ; il est allé libre-

ment aux choses. Ouvrez *le Rhin, les Burgraves* et *la Légende des Siècles,* où *Ratbert, les Chevaliers errants* et même le grand chevalier d'Alsace, Eviradnus, reflètent des dispositions pareilles à celles que nous avons surprises dans l'imagination rhénane, et sont bien les doubles des compagnons de Charlemagne, des saints d'Irlande et de tous les civilisateurs que nous énumérions plus haut dans le légendaire du fleuve. Sa vigoureuse personnalité a arraché les traditions rhénanes à l'étouffoir du mythe germanique et du sentimentalisme d'outre-Rhin, pour les introduire dans la vie légendaire universelle. Son ignorance l'a peut-être servi, et, d'une manière plus certaine, son génie, naturellement apparenté avec l'esprit profond de cette Rhénanie reconnaissante à ceux qui lui apportent de l'héroïsme, du désintéressement et de l'honneur.

C'est que Victor Hugo, — il faut dûment le constater, — est homme de la vallée du Rhin. Il l'est de fait et de choix. Ses origines paternelles plongent dans une Lorraine qui ne partageait pas encore les destinées du royaume de France. Lui-même a perpétuellement tourné les yeux vers ces Marches de l'Est. Il n'a guère tenu à voyager que sur le Rhin. C'est là seulement qu'il a redoublé ses voyages. Venu à Strasbourg en 1839, il remonta le fleuve jusqu'en Suisse ; en 1840, il explora pendant plus de deux mois toute la région de Cologne à Mayence. N'y revint-il pas sous l'Empire? Après 1871, il va sur la Moselle, à Thionville, pour honorer le nom de son père, défenseur de cette forteresse. A plusieurs reprises, le vieux poète s'attarde dans la petite ville mosellane de Wianden, tout enveloppée des légendes de l'Eifel. Et toujours prenant des notes d'écrivain et de peintre. Voyez ses dessins : ils sont quasi tous consacrés à une Rhénanie médiévale ou actuelle. Écoutez sa politique extérieure : elle est toute fondée sur une théorie rhénane. Quand il veut prendre rang de ministrable et fournir ses titres politiques, c'est la politique du Rhin qu'il expose. Il s'est préoccupé longuement des rapports de la France et de l'Allemagne. En 1870, sa déception fut grande de trouver une Allemagne unifiée, ne laissant plus de place à un équilibre rhénan ; en 1871, il s'associe comme Lorrain dépossédé à la protestation de Bordeaux.

Allons plus profondément. Quand il cède au plaisir de se peindre, il se peint en chevalier du Rhin : Eviradnus est son portrait moral. Quand il cède plus obscurément à son imagination, et qu'il se choisit les ancêtres dont il eût aimé descendre (audacieuse et charmante adoption d'un génie qui se cherche des pères de son goût), il se réclame des seigneurs du Rhin. Ce sont là ses parents d'élection. Quand il se donne une mission, c'est dans son burg de Guernesey de tenir tête, fût-il seul, à l'Empereur. Enfin au terme de ses œuvres et de ses songeries, regardez-le, le vieux poète aux cheveux blancs, assis à son banc du Sénat, c'est le Burgrave de la démocratie.

Les affinités naturelles de son esprit l'ont amené à comprendre le vrai caractère de l'imagination rhénane. Il a discerné qu'elle n'engendrait pas de divinités diffuses et de forces naturelles impitoyables. Il est entré de plain-pied dans l'intelligence des personnages historiques chers à ces régions. La tombe de Charlemagne à Aix-la-Chapelle, la gloire populaire de Napoléon sur le Rhin, l'héroïsme de Roland et des preux n'ont pas eu de meilleur répondant. Les burgs écroulés lui ont rappelé beaucoup moins les barons pillards et les noires puissances féodales que les chevaliers vengeurs du droit et les princes-évêques administrateurs de fiefs. C'est aux cantons de la vieille Grèce qu'il compare la Rhénanie, et les Burgraves lui paraissent des Hercules et des Thésées exterminateurs de monstres (1). Virgile chante dans sa mémoire, tandis qu'il remonte le fleuve. Rien du Walhalla dans son œuvre rhénane, rien non plus de la trouble figuration qui peut hanter les cauchemars de l'Elbe ou de l'Oder. A l'encontre de Grimm, qui veut introduire par force dans la légende rhénane les héros de l'Edda scandinave et les divinités barbares du Nord, il y élargit d'instinct la place des héros civilisateurs, depuis les constructeurs romains, les apôtres chrétiens, les grands princes mérovingiens et carlovingiens, les bons chevaliers, jusqu'à Napoléon.

Une bataille s'est livrée sur le Rhin, bataille toute pacifique et dont bien peu ont perçu les échos, entre le Lorrain Hugo et le Hessois Grimm. Le savant avait pour lui tout l'appareil et tout le prestige de l'érudition allemande, et bien téméraire aurait été l'audacieux qui eût voulu ébranler son imposante construction, élevée à la dignité de temple national. Mais le poète français allait au fond de la vérité rhénane. Son livre à peine paru était traduit et les guides allemands d'aujourd'hui, tel le guide de Hölscher, le citent encore par longs passages.

Il pouvait donc sembler que dans cette lutte inconsciente, qui continue de se poursuivre au champ clos de la Rhénanie, entre les constructions de Grimm et les intuitions de Hugo, celui-ci dût triompher, puisqu'il avait pour lui des affinités profondes et un immense génie. C'était ne pas tenir compte des mouvements de races dont les Grimm et les Hugo ne sont que les drapeaux et les guides. Sur le fleuve où viennent toujours se heurter les deux grands antagonismes de l'Europe, un autre prestige, appuyé celui-là sur la victoire des armées prussiennes et allemandes, allait l'emporter pendant toute la fin du dix-neuvième siècle.

Richard Wagner a jeté dans le Rhin l'anneau des Niebelungen, et les ondines ont chanté pour Siegfried le chant des éléments, la mélopée des mythologies nordiques. En donnant ce titre, *l'Or du Rhin*, à la première pièce de sa Tétralogie, Wagner veut proclamer que la Mythologie germanique est installée sur le Rhin, comme si elle y avait été éternellement chez elle. Gœthe avait sur les Niebelungen des idées à la Bédier ; il les concevait comme les héros d'un itinéraire. Ils viennent de conquérir leur poste le plus occidental. Après les victoires de Sedan et de Bayreuth, la Rhénanie s'ouvre au cortège triomphal d'Odin et de Freya. C'est l'écroulement du Panthéon rhénan et de tout ce qui s'y trouvait adossé et vivifié. La partie semble gagnée au bénéfice des Alberich et des Fafner. L'assombrissement du Rhin et son annexion à la Mythologie du Walhalla sont accomplis.

Et pourtant la vue du poète français conserve sa valeur ! Ce qu'il a défini reste vrai ; sous l'alluvion du génie d'outre-Rhin subsistent les dieux en exil de la Rhénanie ; les figures des musées de Trèves et de Cologne, le peuple des saints et des preux, toutes les formes bienfaisantes que l'imagination rhénane n'a pas cessé d'accueillir attendent avec persistance l'heure propice. Quel symbole émouvant que ces grands albums, où, en pleine guerre, le commandant Espérandieu a rassemblé et publié tout ce qui subsiste d'images des dieux, des héros et des simples mortels de l'époque gallo-romaine dans la Gaule Belgique (1). On dirait un livre de mobilisation. Les voilà tous rassemblés, ces ancêtres, pour chasser à nouveau dans leurs brumes les divinités qu'un flot trouble apporta.

C'est à ce retour du sort que nous commençons d'assister. Une nouvelle phase de la tragédie du monde est ouverte, par la défaite de la Prusse, sur le fleuve où, depuis des siècles, les esprits du Nord et du Midi s'affrontent. La France est prête à rendre au vieux Génie du Rhin ses titres de civilisation et à l'aider à résister aux invasions de la propagande germanique. L'heure nous propose une tâche, et l'enquête que nous venons d'essayer nous engage dans le bon chemin. Elle nous a fait connaître l'utile action, au cours du dix-neuvième siècle, de nos administrateurs, de nos poètes et de nos savants. Mais, pour les continuer, il nous faut saisir le problème dans sa réalité présente et employer des méthodes immédiates précises. Notre vieille Société d'archéologie française, qui, hier, tenait son congrès à Metz, pourra utilement renouer ses relations presque centenaires avec les sociétés savantes, les historiens et les mythographes de la rive gauche. Pour mener le combat contre les hiérophantes de la Mythologie envahissante du Nord, l'école des légendaires alsaciens saura développer ses traditions de science exacte et lumineuse. Et surtout il nous faudra, écrivains ou professeurs, encourager les dévouements locaux à la légende et à l'histoire, et organiser l'effort patient des obscurs chercheurs des villages et des villes du Rhin.

Que les divinités du Walhalla retournent dans les pays où elles sont chez elles et qu'à nouveau elles laissent le champ libre aux figures indigènes, que la fantaisie rhénane avait fait sortir de sa vie, de son rêve, de ses aspirations les plus sûres !

Messieurs, aujourd'hui, nous venons d'étudier dans le folklore du Rhin et dans des survivances aussi fragmentaires que les burgs ruinés, les incarnations profondes, mais non quotidiennes, de l'esprit rhénan. Nous avions le devoir de manier la baguette de coudrier au-dessus de ces sources cachées. Ces formes primitives des sensibilités ne sont jamais mortes, mais sommeillantes. Dans la leçon prochaine, nous nous tournerons vers des activités plus apparentes, en abordant l'organisation religieuse rhénane et particulièrement l'aide que la France lui a donnée.

III

L'HISTOIRE

DU CŒUR CHARITABLE RHÉNAN

Le Rhin, c'est toujours la rue aux Prêtres. Les romantiques français ne s'en doutent pas. Dans le même moment qu'ils s'enthousiasment pour les légendes et l'histoire dans les ruines, ils ignorent la vie religieuse du fleuve. Victor Hugo, d'un mot facile, déclare : « A Mayence, il n'y a plus de Grand Électeur ; il n'y a plus que l'évêque... » Mais cet évêque, demain, sera Mgr Ketteler ! Hugo ne distingue pas de quel puissant mouvement religieux s'anime toute la vallée du Rhin.

Méconnaissance, erreur où nul de nous ne peut demeurer aujourd'hui. Il n'est que d'ouvrir des statistiques. Aux dernières élections de l'Assemblée nationale, les trois quarts des voix ont été aux catholiques. Leurs organisations, professionnelles ou charitables, groupent plus de deux millions d'artisans, d'ouvriers et d'employés. Aux jours de congrès diocésains, d'immenses réunions populaires se tiennent dans toutes les grandes salles disponibles, et des centaines de sociétés défilent en cortège, bannière en tête, pendant des heures, sous le balcon de l'archevêché. Aux jours de pèlerinages, des milliers de fidèles accourent aux chapelles d'Oggersheim (Palatinat), de Kevelaer (près de la frontière hollandaise), de Saint-Roch (près de Bingen), de Diebourg (diocèse de Mayence), pour entendre les grands prédicateurs. Le mouvement déborde cette vallée du Rhin, s'étend sur la Silésie, la Westphalie et la Bavière (1) mais c'est ici qu'il étale son maximum de puissance. Nulle part ailleurs, en Allemagne, le catholicisme n'est ainsi porté par l'ardent dévouement des masses populaires.

Cette vie religieuse agissante, maintes fois, de l'aveu des historiens allemands, elle a été aidée par une vague venue de France ; mais entre ses riches et multiples épanchements, il faut que nous acceptions de nous limiter et que nous fassions un choix. Nous ne parlerons ni des cathédrales du Rhin, ni de ses pèlerinages ni de ses grands prélats, ni du puissant parti du Centre : nous irons tout droit au sanctuaire de la ferveur. Forcés de nous en tenir à l'essentiel, nous choisissons ce qu'il y a de plus significatif et de plus profond dans la religion rhénane : les multiples manifestations de son activité charitable. Dans notre précédente leçon, nous venons de voir la Rhénanie ouvrir ses forces dans ses rêves ; maintenant nous l'allons voir les développer dans des œuvres exemplaires. La charité chrétienne sur le Rhin, voilà le second volet de mon triptyque.

Après nous être fait une idée du trésor amassé par l'imagination rhénane, nous nous mettons à la recherche de quelque chose de plus intérieur et de plus profond. Après le légendaire du Rhin, le livre d'or de sa charité.

Ici nous touchons à son esprit religieux de dévouement et de sacrifice, nous cherchons à connaître son cœur.

Un grand sujet humain, un sujet auquel nul homme ne peut être indifférent, mais spécialement émouvant pour un Français, car je vais raconter l'époque où le cœur de la Rhénanie s'est ouvert aux influences de la France la plus généreuse, aux sollicitudes de nos administrateurs héritiers des philosophes du dix-huitième siècle, et aussi à l'activité de nos Sœurs de charité.

Cette histoire du cœur charitable rhénan, nous la chercherons dans des petites villes, le plus souvent dans des petits cénacles, presque secrets. Nous y recueillerons d'humbles faits qui originairement ne semblaient pas devoir être retenus par l'histoire. Mais pourquoi donc négligerait-elle de savoir comment agirent des bourgeois, des jeunes dames distinguées et d'humbles prêtres campagnards? C'est un de nos meilleurs administrateurs sur le Rhin qui disait, un jour, à Coblence, que « pour connaître l'esprit public d'un pays, il ne faut pas se préoccuper essentiellement des propos qu'on y recueille. Seuls les faits importent, ils sont le langage des peuples. » Les menus faits innombrables que j'apporte sont le langage d'un petit monde d'autrefois, de vieilles villes aujourd'hui submergées par le monde germanique d'outre-Rhin. Je crois que nous tirerons de ces documents des lumières dans bien des directions. Un caractère vrai de ces Rhénans, c'est là, dans leurs plus saintes occupations d'hommes et de femmes, que nous pouvons le mieux le distinguer.

Le Rhénan catholique est préoccupé d'accomplir de la bonne besogne, en servant Dieu et pour servir Dieu. Il a des aptitudes de dévouement, une application voulue de la vie religieuse à la vie pratique. C'est le résultat de ses malheurs, de son histoire agitée, de ses expériences multiples. Enfin, quelle qu'en soit l'origine, c'est sa nature : il a des disponibilités de dévouement. Or, tout cela fut mis en forme par la France.

Je vous le dis avec cette force et cette netteté, parce que c'est l'argument de ma leçon, mais je ne vous demande pas de me croire sur parole, et je vais vous soumettre les preuves qui m'ont moi-même convaincu. Nous verrons tous ces Rhénans qu'enthousiasment l'arrivée des sœurs françaises de Saint-Charles ou bien les initiatives des Lezay-Marnesia et des Jeanbon Saint-André, dans leurs petites préfectures ; nous verrons nos fonctionnaires rassemblant ces bourgeois et leur enseignant la pratique de la bienfaisance. Nous montrerons le rôle conducteur que nous avons tenu, et l'inquiétude de ces Rhénans qui, après le départ des préfets napoléoniens, multiplient leurs démarches en France pour y chercher des méthodes et des guides.

La charité a été organisée sur le Rhin par le gouvernement impérial français, avec la collaboration locale et le concours des ordres religieux français. L'histoire de cette organisation, c'est un beau chapitre, en apparence austère et même maussade, mais qui contient une poésie profonde. Si je ne suis pas sûr de la dégager, je suis sûr d'en tirer un enseignement utile. Le Rhin est un grand pays catholique. En prouvant que son catholicisme s'est enrichi et humanisé, chaque fois qu'il demandait des directions à la France, j'aurai orienté des esprits graves et sérieux du Rhin à réfléchir sur l'appui français, et j'aurai développé chez des Français l'idée d'un rôle à reprendre.

Je vous demande que vous me permettiez de vous donner des documents, et d'abord je tiens à bien marquer les temps ; c'est de cette manière que cette histoire de la charité sur le Rhin fournira son enseignement. Il faut connaître toute la marche, les avances et les reculs d'une initiative qui vient de la France.

Qu'est-ce que nous voulons de ce cours?
De l'agrément littéraire? La matière
peut en fournir, si elle est traitée avec
simplicité et vérité, et accueillie avec
sympathie. Mais nous cherchons avant
tout un sentiment net, une vue éclairée
de nos rapports avec la Rhénanie. Il faut
donc ranger et échelonner selon leur
succession exacte tous ces faits qui rece-
vront de cet ordre leur sens et leur vie.
Nous allons étudier la charité rhénane
du temps des préfets, — puis *après les
préfets jusqu'en* 1848, — et enfin *de*
1848 *à* 1870, — pour conclure *après*
1870.

*
* *

Du temps des préfets français. — C'est
de Trèves, la vieille ville romaine, alors
capitale du département de la Sarre, que
va partir tout le mouvement. Au lendemain des troubles et des guerres révolutionnaires (1), le nombre des pauvres s'y
était considérablement accru (2). Deux
mille, affirme une statistique de l'époque.

Chiffre énorme, pour une population qui n'était alors que de neuf mille âmes.

Un bureau de bienfaisance fut organisé le 7 avril 1798 par l'administration française, qui lui donna un budget particulier et lui assura des ressources. Organisation si solide que, par la suite, il n'y eut pas à la changer. C'est ce que dit Kentenich à la page 775 de son *Histoire de Trèves*, et il ajoute : « Sans cet héritage de l'époque française, les habitants de Trèves se seraient trouvés en présence de grosses difficultés... » Voilà trois lignes qui nous dispensent de plus d'explications et que je me borne à enregistrer, avec l'assurance qu'aucun auditeur ne manquera d'en faire des réflexions.

Le 9 octobre 1804, Napoléon vint à Trèves. Il examina la situation, et ce bureau de bienfaisance ne lui suffit pas. De son palais impérial, sur place, immédiatement, il décrète que Trèves disposera des bâtiments du couvent Saint-Pirmin situé au bord de la Moselle, ainsi que des jardins qui l'entourent, pour y recevoir les différents hôpitaux dispersés à travers la ville. Il y aura là 150 lits, dont 50 pour les pauvres et 100 pour les soldats. Mais comment seront-ils desservis? On se tourne vers la Lorraine voisine. Mgr Mannay, évêque de Trèves, un Alsacien, demande aux sœurs de Saint-Charles, à Nancy, que huit d'entre elles descendent la Moselle. Les négociations furent longues. Enfin le 1er avril 1811, ces religieuses arrivent à l'hôpital de Trèves. Les premières sur le Rhin ! C'est une date mémorable dans l'histoire de la charité rhénane. L'étincelle a jailli ; le foyer de charité française, une fois allumé, va répandre sa chaleur et peu à peu ses flammes, à travers toute la Rhénanie... L'administration impériale ne pourra achever son œuvre qu'à Trèves, mais Trèves servira de modèle à toutes les œuvres rhénanes. C'est à juste titre que dans la salle d'honneur de l'hôpital Saint-Pirmin, aujourd'hui encore, préside le portrait de Napoléon Ier.

Les préfets impériaux, dans toute la Rhénanie, sont étroitement accordés avec la pensée du maître.

A Coblence, il y a Lezay-Marnesia. C'est un Lorrain (1), qu'on a bien connu à Strasbourg, où sa statue maintient sa mémoire. Par sa sensibilité, il appartient profondément aux pays mosellan et rhénan de cette époque. Un des premiers admirateurs de Schiller, dont il avait traduit le *Don Carlos*, il renseigna Mme de Staël sur l'Allemagne. On entre mal dans son état d'esprit, si l'on ignore son amitié pour le fameux pasteur Oberlin et pour la mystique Mme de Krudener. Ce dont un tel homme fut capable, quand les bourgeois de Coblence voulurent satisfaire leur cœur, comment il les encouragea et les guida, vous l'imaginez, et d'ailleurs tous les historiens rhénans lui donnent leur témoignage. L'annaliste de Coblence, Wegeler, écrit qu'il était « entouré du respect et de l'estime de tous », et admire « la sagesse et la bienveillance de ses interventions »;

le poète Clément Brentano enregistre
que « la population l'aimait pour son
souci de servir le bien public, pour sa
bienveillance toute paternelle à l'égard
de ses administrés, pour son abord facile,
et qu'il a mérité par son œuvre l'éternelle
reconnaissance des pauvres et des amis
des pauvres. » Lezay-Marnesia obtint de
Napoléon pour la ville de Coblence les
bâtiments de l'ancien couvent des fran-
ciscaines, à charge d'y fonder un hôpital pour les pauvres, qui fut ouvert le
9 novembre 1805. On eût voulu comme
à Trèves des sœurs nancéiennes de Saint-
Charles ; faute d'en pouvoir trouver, il
fallut assurer le service par un personnel
à gages.

A Aix-la-Chapelle, dès son entrée en
fonctions, le préfet du département de
la Roër, M. Mechin, organisa un bureau
de bienfaisance, dont firent partie les
personnalités les plus marquantes de la
ville, Schervier, Reumont, etc. Un Rhénan, le conseiller de préfecture Jacobi,
en fut l'âme. En 1803, le bureau de

bienfaisance obtint de Napoléon le couvent des Carmélites pour y créer un hôpital et une maison de retraite à l'usage des pauvres. L'impératrice Joséphine dota l'institution et permit qu'elle portât son nom. L'Institution Joséphine eut bientôt huit cents pensionnaires et un budget de quatre-vingt-dix mille francs. Mais là encore, avec un grand regret, on dut se passer des sœurs de Saint-Charles.

A la ville de Sarrelouis (qui faisait alors partie du département de la Moselle), par un décret du 14 juillet 1812 daté de Vilna, Napoléon donna les bâtiments de l'ancien hôpital militaire, à charge d'y fonder un hôpital civil. Le décret impérial précise que le soin des malades doit y être assuré par les sœurs de charité de Nancy. Plus heureuse que Coblence et qu'Aix-la-Chapelle, Sarrelouis obtint de Nancy cinq sœurs de Saint-Charles, qui soignèrent les malades, en même temps qu'elles dirigeaient l'école et assistaient les pauvres à domicile.

Voilà l'œuvre de nos administrateurs, fils du dix-huitième siècle. Et qu'est-ce donc que ces religieuses de l'ordre de Saint-Charles, si désirées de ces villes rhénanes, où elles apportent le talent d'organisation et l'expérience indispensables pour des œuvres aussi importantes de charité?

On les connaît bien chez nous depuis le dix-septième siècle. C'est un ordre qui a été fondé à Nancy en 1652, sous le patronage des ducs de Lorraine et sur le modèle donné à Paris par Vincent de Paul. Leur nom leur vient de l'hôpital Saint-Charles Borromée de Nancy. Elles se consacrent aux soins des malades et des aliénés, à l'instruction des orphelins et des enfants pauvres, à l'assistance des indigents. J'ajoute qu'elles nous ont couverts de gloire durant la dernière guerre, car sœur Julie, de Gerbéviller, et sœur Louise, de Nancy, appartiennent à cette congrégation et disent qu'elles n'ont rien fait que ce qu'ont fait toujours, à toutes les époques, les autres sœurs de leur ordre. Ce qu'on sait moins et que nous apprendrons, à mesure que je dépouillerai mes notes, c'est qu'elles ont servi de congrégation type sur la rive gauche du Rhin.

De ces créations de la France, je ne vous apporte qu'une esquisse sommaire. C'est aux Rhénans que vous pouvez en demander l'exposé abondant et enthousiaste. Il mérite qu'on le mette en valeur chez nous, le livre que le poète rhénan de Coblence et de Francfort, Clément Brentano, écrivit en 1832 pour célébrer l'œuvre de la charité française. Brentano déteste Napoléon, et pourtant avec émerveillement il le montre qui convoque les sœurs de charité dans son palais impérial et qui signe, des champs de bataille lointains, toute une série de décrets, pour leur confier la direction des hôtels-Dieu et des asiles (1). Je vous donne le titre de ce vieil ouvrage, à la fois romanesque et minutieusement renseigné : *Les sœurs de charité dans leurs œuvres d'assistance des pauvres et des*

*malades, avec un rapport sur l'hôpital
civil de Coblence,* par Clément Brentano.
à Mayence, chez le libraire Kircheim,
Le poète romantique a mis le doigt sur
ce qui est la marque du génie constructeur, il signale chez le chef des Français
l'instinct de vérité, le sens de la réalité.
« Aussi étrange que cela paraisse, dit-il,
de vouloir organiser des congrégations
de sœurs garde-malades sur des champs
de bataille, Napoléon accomplit pourtant des choses réelles, et qui par la suite
ne cessèrent pas d'être efficaces. »

De telles paroles, si modérées et si
pleines, et paroles d'un adversaire, n'ont
besoin d'aucun commentaire.

⁂

Après l'époque française et jusqu'en
1848. — Les préfets impériaux ont bien
employé leur temps, mais leur temps
fut court. En 1815, les voilà partis. Cela
suscite d'infinies réflexions qui ne sont
pas ici notre affaire. Notre affaire, dans

cette éclipse de la France, c'est de savoir ce qui va maintenant advenir de cet instinct de charité, de ces disponibilités de cœur qu'il y a dans le pays rhénan, et si les germes laissés par nous ne vont pas être immédiatement étouffés. Question que nous n'éclaircrons par aucune polémique, mais seulement par des faits bien mis en ordre.

Une chose est certaine, c'est qu'on ne peut pas compter sur l'État prussien pour tenir dans cet ordre de la charité le rôle que s'était donné l'État français. Tous ces grands préfets napoléoniens fournissaient à la bonne volonté du cœur charitable rhénan l'appoint de l'autorité publique, un cadre, des subventions, de bonnes finances, et ce ne sera pas la ligne de conduite des fonctionnaires que le roi de Prusse vient d'amener de Brandebourg et de Poméranie.

On le voit tout net dans cette terrible année 1817, où la disette affame le pays. Plus de Lezay-Marnesia, plus de Jean-

bon Saint-André. Eh bien ! les villes du
Rhin feront de leur mieux, et le feront
à la manière française. Comment un
Joseph Goerres qui, hier, fulminait si
furieusement contre l'occupation française, accepterait-il de s'abstenir où les
Français eussent agi? Comment se ré-
soudrait-il à ne pouvoir pas remplacer
ce qu'il a si puissamment contribué à
détruire? A la manière d'un préfet impérial, bien qu'il ne soit qu'un simple particulier, il prend l'initiative de constituer un comité de secours avec deux
prêtres de Coblence, Albrecht et Milz,
et rédige des appels. Vous pouvez les
lire au tome III de ses œuvres com-
plètes. Et dans le cinquième de ces appels, nul doute que vous ne distinguiez
avec plaisir cette phrase : « Trèves, une
ville célèbre dans tous les pays du Rhin
pour ses institutions de charité modèle. »
C'est un hommage véridique à ces Français qu'il déteste. Les Français n'ont pu
tout faire pour les œuvres de charité
sur le Rhin, mais du moins ils ont créé

dans Trèves un modèle que Goerres ne perd pas de vue. Comment suppléera-t-il aux ressources que les administrateurs prussiens ne lui donnent pas? Une personne charitable de Neuwied lui apporte quelque argent avec lequel il organise une loterie...

Voulez-vous entendre la liste des lots? Elle aide à comprendre dans quelle atmosphère de petite ville et dans quelle innocence de vie tout cela se passe. « Vingt carolins d'or, un télescope anglais, une montre en or, un microscope de Nuremberg, un vieux pistolet, une balance pour le grain, une tête de pipe, un pot à tabac en étain, une barbe d'Indien de l'Amérique du Nord, des anneaux d'argent pour les oreilles et pour le nez, deux paires de souliers, une ceinture, une blague à tabac, un coquillage géant de la mer Morte, une molaire de mammouth, dont on offrit neuf guinées en Angleterre... » Je crois regarder avec émerveillement ces curiosités bien exposées à la vitrine de quelque commerçant de la grand'rue.

Il y a dans cette société de Coblence, auprès de Joseph Gœrres et de Clément Brentano, un homme tout à fait remarquable, énergique, opiniâtre, infatigable, le conseiller municipal Hermann-Joseph Dietz, un fabricant de quincaillerie. Puisqu'il est l'ami de Gœrres et de Brentano, je dois le croire l'ennemi des Français, mais venu à la vie en 1782, il s'est formé à notre école. C'est lui qui va continuer, aussi bien qu'il pourra, l'œuvre de Lezay-Marnesia. On l'appellera plus tard « le père des pauvres ». Et pour commencer, le voilà trésorier du Comité de secours de 1817, et qui clôt ses opérations, sa loterie, ses quêtes, ses distributions de secours par un excédent de soixante mille francs. Que faire de cette somme? Les bâtiments de l'abbaye de Maria Laach sont inoccupés. Gœrres se rappelle que Napoléon a donné à la ville de Trèves le couvent de Saint-Pirmin pour y fonder un hôpital de pauvres, et le couvent des Augustins pour un asile de refuge ; à la ville de Coblence, l'ancien couvent de Franciscains pour un hôpital des pauvres ; à la ville de Sarrelouis les bâtiments de l'ancien hôpital militaire pour un hôpital civil ; à la ville d'Aix-la-Chapelle le couvent des Carmélites pour un hôpital civil et une maison de pauvres. Il sollicite du roi de Prusse qu'il lui permette d'installer à Maria Laach une école d'arts et métiers pour orphelins. Ce local que Napoléon eût donné et doté, Goerres et Dietz obtiennent de le louer, et tout de suite y installent quinze petits orphelins.

Réjouissons-nous, la pensée de nos philanthropes français continue de vivre sur le Rhin, et dans le même temps la pensée de nos religieuses de Saint-Charles se propage. Il n'y a pas loin de Trèves à Coblence, au fil de la Moselle. Les dames de Coblence ont vu ce que faisaient les religieuses à Trèves. A leur exemple, elles forment une association. Dietz est leur secrétaire. Leur première

idée a été de combattre la disette ; ce
mauvais temps passé, elles demeurent
constituées au service des pauvres :
l'exemple de nos Françaises de Trèves
leur enseigne comment instruire, consoler et soulager les malheureux. Elles
fondent une école gratuite pour les petites filles sans ressources. Celles-ci por-
teront une robe à raies grises et la coif-
fure ronde des paysannes de la Moselle.
On a choisi ce costume populaire afin
de maintenir chez ces enfants « le goût
des anciennes mœurs », et pour les « détourner des nouveautés de la mode ».
Je recueille cet humble détail, parce
qu'il s'harmonise avec ce que nous avons
vu du goût des Rhénans pour leur passé,
leurs légendes, leurs vieilles chansons.
L'instinct du folklore et de la charité
vont de concert à cette époque dans ces
milieux cultivés. Mais comment s'assurer des ressources ? Les dames de Coblence recourent à un Institut de musique populaire que le bon Lezay-Marnesia a fondé, précisément avec le souci d'y

faire donner des séances de charité. En 1819, leur école abrite trente élèves ; en 1830, déjà cent quatre-vingts.

Ainsi nous voilà rassurés. Les Français ne sont pas passés inutilement et pour être oubliés. Ils ont laissé de la France derrière eux. Ils ont laissé des bâtiments, et dans ces bâtiments un personnel et des modèles : mieux que des institutions, un esprit exemplaire. Ces associations de bourgeois et de dames prolongent et multiplient l'activité de nos administrateurs et de nos religieuses. Et faites attention à quelque chose d'encore invisible et de quasi souterrain : de jeunes âmes germent dans le sillon que notre passage a tracé.

Regardez à Mayence le séminaire français qu'a fondé sous l'Empire l'évêque strasbourgeois Colmar. C'est une bonne maison, nullement réservée aux seuls jeunes gens qui se destinent au sacerdoce. A qui veut la recevoir, on y donne l'instruction selon les méthodes françaises, comme au lycée napoléonien, avec une distribution des prix solennelle à la fin de l'année scolaire. Un collège bien pareil aux nôtres. Or, je vois là un jeune garçon, un nommé Geissel, fils d'un vigneron du Palatinat ; j'y vois un autre élève, Adam-François Lennig, fils d'un commerçant mayençais. Deux enfants d'élite que nous retrouverons, celui-ci vicaire général de Mayence, celui-là cardinal, archevêque de Cologne ; et ils favoriseront les œuvres religieuses françaises, sans arrière-pensée politique, simplement parce que leur première formation les a disposés à être à l'aise dans le catholicisme français.

Et regardez encore, à Aix-la-Chapelle, ce pensionnat de jeunes filles, l'institution de Saint-Léonard, que l'administration napoléonienne a fondée sur le modèle des couvents français. Ce n'est qu'une bonne maison entourée d'un grand jardin et accotée d'une église ; mais d'une physionomie morale hors de pair. Il n'y a pas de pensionnat aussi célèbre dans toute la contrée. Internes ou

externes, toute la bourgeoisie d'Aix y
envoie ses filles pour qu'elles y reçoivent
une éducation à la française. C'est une
multiplication merveilleuse. Nous allons
retrouver plusieurs de ces enfants dans la
vie : Sibylle Merlo, les deux sœurs Clara et
Netta Fey, les deux sœurs Claire et Françoise Schervier, qui toutes cinq fonderont
plus tard des congrégations religieuses,
et puis Anna de Lommessen qui entrera
dans l'ordre du Sacré-Cœur et se retirera
en France. Un petit monde, où il y a l'esprit de la France, et encore du sang de
France. Les deux jeunes demoiselles
Schervier sont des demi-Françaises, par
leur mère, une demoiselle Migeon, dont
le père possédait une fabrique d'épingles
à Charleville. Françoise, la cadette, écrit
dans ses mémoires : « Élevées à la manière française, nous ne pouvions, ma
sœur et moi, sortir que très rarement, si
ce n'est pour aller à l'église ou à l'école,
et toujours accompagnées de nos parents
ou d'une gouvernante wallonne. Même
la fréquentation de nos amies ne nous

fut permise que sous l'œil de nos parents.
Notre mère, comme notre gouvernante,
ne connaissaient pas un mot d'allemand
et ne nous parlaient qu'en français. Lors-
qu'elles voulaient s'adresser aux domestiques allemands, c'était moi qui servais
d'interprète... »

Toutes ces jeunes filles, dans ce passé
déjà recouvert d'obscurité, brillent
comme des étincelles de la vie française.
Ce n'est pas assez de les nommer ; il y
aurait bien des traits à recueillir autour
d'elles, et c'est une tâche qui pourrait
tenter un jeune historien du Rhin. On
voudrait se tenir avec ces jeunes filles
dans leur pensionnat et s'assurer des
confidences qui doivent encore demeurer
dans leur famille. On voudrait surtout
les suivre dans leurs actions qui respirent
la piété et la simplicité, et voir comment
cette éducation, au bout de peu d'années, donna des fruits dans le pays. A
Saint-Léonard on apprenait le secret
venu de Trèves, le secret des religieuses
françaises.

Un des premiers effets de cette éducation fut l'éclosion de petites confréries, toutes pareilles à des ordres religieux, où les jeunes dames rhénanes répétaient les exemples des sœurs de Saint-Charles. En voici de tous côtés, à Cologne, à Trèves, à Aix-la-Chapelle. Quel charmant roman que celui de Sibylle Merlo, quand, à peine sortie de l'institution Saint-Léonard et rentrée. dans sa maison de famille, à Cologne, elle y appelle une de ses institutrices de la veille, Louise Hensel, et, ainsi aidée, constitue avec ses parents et ses amis un petit groupe charitable ! On se réunit chaque vendredi, tantôt chez l'une, tantôt chez l'autre, à tour de rôle. C'est un cercle pieux et un ouvroir. Ces dames cousent avec zèle pour les pauvres, de deux à sept heures du soir, ne s'interrompant que pour des lectures ou des méditations. Toute personne qui manque à la réunion sans motif valable ou qui arrive en retard, doit payer une amende au profit de la caisse des pauvres. Le samedi après-midi, visite aux infirmes et aux malades. Ce sont là des tableaux de mœurs bourgeoises, de mœurs toutes modestes. Dans leur cénacle, ces dames soufflent sur le tison de la veille, et cherchent à ranimer et à étendre les charbons de la charité française.

Sur le même type, un autre cercle existe à Trèves. Les dames de Trèves ont vu à l'œuvre au milieu d'elles les sœurs de Saint-Charles. Comment leur vint l'idée de les imiter, on le distinguera si l'on veut lire ce qu'en raconte en 1840 un vieux bourgeois de la ville, qui a connu l'époque française et dont la chronique subsiste dans le *Philanthrope de Trèves*. Le vieux bourgeois célèbre la vie paisible des sœurs du fameux hôpital qui, dit-il, « n'a pas son pareil dans toute la vallée du Rhin, et si beau que nul étranger ne peut quitter la ville sans l'avoir visité ». Le portrait qu'il trace d'elles garde après cent années sa fraîcheur : « Toute la personne de ces servantes de Dieu exprime le repos de l'âme, la satisfaction que leur cause leur sort, la conscience d'être des membres utiles de la société. Nul ne les a jamais entendues se plaindre de leur destin. Qu'on interroge les dames qui visitent ces maisons de la détresse, qu'on leur demande si elles ne considèrent pas ces sœurs de charité comme des êtres humains infiniment heureux et si elles n'envient pas leur sort. » Aussi les dames de Trèves se mettent-elles à cette école de la bienfaisance et du bonheur. Ce que les sœurs de charité accomplissent en grand, elles travaillent à le compléter par leur association charitable, en visitant les femmes en couches et les pauvres honteux : « De jolis travaux exécutés par de jolies mains servent d'amorce pour exciter la charité populaire, et des tombolas organisées périodiquement fournissent à l'Association les moyens d'accomplir son œuvre. » Ainsi sommes-nous renseignés, à travers de vieux compliments fanés, sur l'application des dames tréviroises à suivre leurs modèles français.

A Aix-la-Chapelle même, les anciennes élèves de Saint-Léonard ont constitué plus d'un cénacle. En 1843, des dames et des jeunes filles y forment, sous la direction de Clara Fey, une petite société avec des règles précises, empruntées toujours aux sœurs de Saint-Charles. Elles habitent ensemble et se consacrent à l'éducation des jeunes filles abandonnées. Deux ans plus tard, cinq autres dames de la même ville se groupent autour de Françoise Schervier pour mener une vie commune dans une petite maison pauvre des faubourgs. Aux œuvres de bienfaisance et aux soins des malades, elles joignent l'assistance des femmes dévoyées. Et déjà voici qu'elles peuvent hospitaliser une trentaine de ces malheureuses.

Ces dames rhénanes de Cologne, de Trèves, d'Aix-la-Chapelle étaient des personnes de vraie dévotion, qui vivaient en communauté, dans l'ombre, à l'imitation des sœurs de Saint-Charles, et pourtant leur piété était bien à elles, d'un caractère romanesque, fort étranger à celles qui leur servaient de modèle. Unir la poésie à la religion, vivre une sorte de petit poème, tel était le plan de ces mystiques du Rhin. Elles cédaient à leur penchant romantique, tout en se dévouant à la pauvreté des humbles. Au milieu de toutes sortes de soins d'ordre élémentaire et d'utilité, elles cultivaient des pensées douces, nuancées, sans trop d'éclat, pleines d'impressions tendres. La piété dans tous ces foyers de la charité rhénane a un caractère particulier et charmant. C'est un mélange de mysticisme et de raison, pas un mysticisme d'hôpital ni de cloître, un mysticisme joyeux, sensible aux charmes de la nature, des arts et de l'amitié. Elles suivent un roman idéal, accomplissent tout un rêve.

L'inconvénient, c'est peut-être que ce dévouement laïque manque d'esprit de suite. Quels grands efforts pour de petits effets! Que d'idées et d'essais avortés! Ces groupements de dames dans les villes du Rhin sont un épisode du romantisme. Il y fermente en secret quelque chose de la *Sehnsucht* qui trouble alors de ses désirs infinis les écrivains allemands. Voyez quel accueil elles réservent à cette Louise Hensel, l'amie de Tieck et de Schlegel, la fille d'un pasteur prussien du Brandebourg, qui, pendant tout un demi-siècle, va de ville en ville sur le Rhin, sans jamais se fixer ni trouver la règle de sa vie. Elles récitent avec enthousiasme les poésies de cette convertie romantique, et lui font fête quand elle passe tourmentée, inquiète, du petit cénacle de Cologne à l'hôpital de Coblence et de l'hôpital de Coblence à l'institution de Saint-Léonard.

L'imagination déréglée des converties prussiennes (1) sera-t-elle plus forte que la belle discipline charitable, transmise par nos fonctionnaires impériaux et nos ordres religieux à la bourgeoisie rhénane? C'est la question profonde. Et ce drame intérieur des associations charitables du Rhin est dénoncé, pour qui sait lire, dans le livre de Clément Brentano.

Brentano admire ce qui se passe en France, où « les religieuses ont apporté leur aide aux associations de dames ». Il a bien vu le grand écueil des institutions indépendantes, c'est à savoir le manque d'esprit de suite et la dispersion des bonnes volontés. Rien de plus facile que d'avoir une bonne idée, rien de plus difficile que de la réaliser et de s'y tenir. Brentano comprend la nécessité d'appuyer les volontaires sur des régulières. « L'activité des sœurs de Saint-Charles, dit-il, n'est pas la manifestation d'un bel enthousiasme, d'un admirable amour de son prochain, mais l'exercice réfléchi et raisonné d'une véritable profession religieuse, dont l'Église a dicté les règles. » Il signale avec force dans les congrégations religieuses « une discipline à la fois professionnelle et sentimentale ».

Obtenir la collaboration des reli-

gieuses françaises, c'est posséder la
méthode, l'appui du ciel ; c'est réussir
à coup sûr. Une belle chose et bien hono-
rable pour cet honnête Clément Brentano, en même temps que pour notre
nation, de voir comment cet ennemi de
la France analyse le caractère particulier de nos congrégations charitables.
« Les congrégations charitables sont
l'œuvre de l'Église française, l'œuvre
de prêtres remplis de sainteté et de
personnes pieuses. Les uns et les autres
ont formé le fondement sur lequel elles
ont été construites. Ils les soutiennent,
ils les dirigent, ils les aident. La France
peut revendiquer ces congrégations
comme son bien propre... » Et le voilà
qui s'écrie : « On a l'habitude dans
beaucoup de pays de décrier la France.
On se plaît à acheter à prix d'or tout
ce qu'elle peut offrir de pernicieux dans
ses idées, ses coutumes et ses modes ;
on laisse de côté d'un esprit léger tout
l'immense trésor des grandes et saintes
choses que son cœur contient... »

La Rhénanie n'est pas tombée dans cette erreur. Elle sait comprendre la France. Une preuve entre autres, c'est qu'il est extrêmement difficile d'introduire les ordres religieux français dans un pays étranger sans les dénaturer, et que l'essai a réussi sur la rive gauche du Rhin. Il y a entre la France et la Rhénanie des affinités spirituelles. Clément Brentano les constate, veut les fortifier et en tirer parti.

Les catholiques rhénans sont d'accord avec lui. C'est de tous côtés qu'ils se tournent vers la France et lui réclament des sœurs de Saint-Charles.

A Coblence, Jean Claude de Lasaulx (un des nombreux membres de cette fameuse famille rhénane, dont l'origine est lorraine), a reconstruit et agrandi l'hôpital créé par Lezay-Marnesia, de telle manière qu'on y loge deux écoles gratuites pour enfants pauvres et que l'Association des Femmes chrétiennes y tient ses réunions et son ouvroir. Mais que faire d'excellent si l'on n'a pas des

sœurs de charité françaises? Au printemps de 1825, le conseiller Dietz se
met en route pour en demander à Strasbourg. Malheureux Dietz, il revient sans
les avoir obtenues. Sa femme sera-t-elle
plus persuasive? Elle fait le voyage de
Nancy et, à la maison mère, reçoit la
promesse que cinq sœurs de Saint-
Charles partiront à Coblence l'année
suivante. En les attendant, Louise Hensel assurera le service de l'hôpital, avec
deux de ses amies de Westphalie, Apol-
lonie Diepenbrok et Pauline de Fel-
genhauer. Enfin voici les sœurs lorraines. Quel événement pour la petite
ville ! Elles arrivent de Nancy, conduites
par leur mère supérieure, et descendent
la Moselle en bateau. Depuis une génération, le peuple de ces régions n'avait
vu aucune religieuse ; il accueillit partout celles-ci avec joie. Clément Brentano nous peint l'émerveillement des
enfants devant les dames si douces, si
bien costumées, dont leurs grands-
parents leur avaient tant parlé. C'est

au crépuscule, vers six heures du soir, que de la rivière, au milieu de l'émotion de tous, elles gagnent l'hôpital. « Ce fut comme si la colombe revenait à l'arche avec le rameau d'olivier. »

A Aix-la-Chapelle, même désir, même satisfaction. Le 25 septembre 1838, la mère supérieure, Placide Bellanger, amène elle-même de Nancy cinq sœurs à l'institution Joséphine. Toutes les mesures ont été prises, annonce la gazette locale, et de fait elles sont reçues en grande pompe par la municipalité et les notables.

Que n'en trouve-t-on davantage! Dans la seconde édition du livre de Brentano, l'éditeur remarque que les maisons des sœurs de Saint-Charles « seraient encore plus nombreuses en Rhénanie si on pouvait disposer de plus de sœurs parlant la langue allemande ». Pour répondre à ce besoin, une maison mère provinciale des sœurs de Saint-Charles fut ouverte à Trèves le 21 novembre 1849. La première supérieure en fut une Alsacienne, la mère Xavier Rudler, de Guebviller.

En attendant que cette sainte pépinière puisse fournir ses produits franco-rhénans, la bourgeoisie des villes et le petit clergé des campagnes multiplient pétitions et démarches auprès de leurs évêques, auprès des autorités prussiennes et en France, afin d'obtenir pour leurs écoles, leurs orphelinats et leurs hôpitaux, des sœurs de charité et des sœurs enseignantes françaises.

Les bourgeois d'Aix-la-Chapelle ne peuvent plus se contenter de ces institutrices du pensionnat de Saint-Léonard qui ont pourtant si bien traduit à leurs enfants la pensée française. En 1844, ils demandent au gouvernement l'autorisation de confier la direction de Saint-Léonard aux dames françaises du Sacré-Cœur. C'est un ordre auquel appartenaient déjà plusieurs jeunes filles de la société d'Aix. Le gouvernement prussien refuse, sous prétexte que l'introduction d'un ordre étranger risquerait de compromettre la discipline religieuse et de jeter le trouble dans le diocèse. Eh bien! les Aixois auront tout de même des dames du Sacré-Cœur. Ils les installent sur la frontière belge, à Vaels, tout près d'Aix, et l'archevêque de Cologne, Mgr Geissel (celui-là même que nous avons vu au séminaire français de Mayence), sans souci de la censure prussienne, entretient une correspondance suivie avec leur supérieure française, Mme Dulac.

Mais je dois abréger et limiter le nombre de mes exemples. En vain, les multiplierais-je, je donnerais toujours une idée incomplète de ce profond mouvement; ces sociétés que nous énumérons, ces appels et ces demandes des bourgeois, ces confréries, ces petits cénacles, toutes ces activités que nous voyons affleurer à la surface du sol, c'est le signe d'un feu intérieur, c'est l'effet d'une puissante animation souterraine, que nous retrouvons d'ailleurs dans tous les ordres de l'activité rhénane. D'au-

née en année, l'action de la charité
française (dont les germes ont été ap-
portés par les administrateurs napoléoniens) se développe sur le Rhin. Nos
ordres religieux y foisonnent. Cela dé-
plaît aux bureaucrates prussiens, ne
leur paraît pas compatible avec l'unité
d'action qu'ils veulent imposer à la Rhénanie. Je me demande si l'esprit tyran-
nique et méfiant de la vieille Prusse ne
voyait pas dans ces hommes d'œuvres
rhénanes des conspirateurs. Ils ne cons-
piraient que pour la charité, en vue du
bien public et religieux, mais c'est vrai
qu'ils étaient pleins de la France.

*
* *

De 1848 *à* 1870. — La constitution
prussienne du 5 décembre 1848 assura
aux catholiques sur le Rhin la liberté
d'enseignement et d'association. A ce
moment réapparaissent nos vieux amis.
Je veux dire Sibylle Merlo et Louise
Hensel, Clara et Netta Fey, Claire et

Françoise Schervier, et puis Geissel,
l'élève du séminaire français de Mayence
et Adam-François Lennig, le lycéen et
le séminariste de Mayence... J'ai bien
le droit de les appeler nos vieux amis,
quoique j'ignore dans quelle mesure ils
accepteraient ce titre, parce que nous
leur avons donné des marques non équi-
voques d'amitié : nous les avons formés
dans nos lycées napoléoniens, dans nos
pensionnats d'esprit français, et eux-
mêmes, depuis trente ans que la France a
quitté la Rhénanie, ils considèrent qu'ils
ne peuvent rien faire de mieux pour l'ac-
complissement de leur mission que de
s'assurer des collaborateurs français...

Donc à cette date de 1848, nos vieux
amis usent de la liberté que la veille on
leur disputait. Ils sortent de leur action
un peu secrète, ils demandent à la
France de leur redonner la science et les
méthodes d'organisation qui leur manquent depuis le départ de nos préfets.
Quelle gêne on vient de subir pendant
plus de trente ans ! D'une part les tra-

casseries de la bureaucratie prussienne interdisant les associations et les congrégations et cherchant à détruire ce qu'avaient fait les Français, et d'autre part bien des agitations déréglées de la sentimentalité romantique. Maintenant, comme si la vanne à peine entr'ouverte permettait l'irruption des eaux bienfaisantes, le secours de la France revient à ces petites villes pleines de bonne volonté. Un régime plus libéral les autorise à appeler tout haut ce qu'en secret elles demandaient. De nouveau une organisation va pouvoir s'ajouter à l'élan. Sans doute ils ne reviendront pas, les grands administrateurs de la France, créateurs d'hôpitaux et de bureaux de bienfaisance, mais à leur défaut la belle charité à la française fera de son mieux pour remédier à la misère sociale qui règne à cette époque dans les campagnes et les villes du Rhin.

La grande nouveauté française d'alors c'est la *Société de Saint-Vincent-de-Paul* et *les Dames de Sainte-Élisabeth.*

La Société de Saint-Vincent-de-Paul, qui dans ses origines à Paris n'avait été que l'accord de quelques étudiants, pour visiter des pauvres à domicile, quand elle eut ses statuts et commença de se répandre à travers le monde, ne pouvait passer inaperçue de nos Rhénans toujours aux aguets des initiatives de la charité française de Mayence. En 1848, Auguste Reichensperger la signala au congrès catholique avec force. Il fut entendu, et dans toutes les villes du Rhin des sociétés de Saint-Vincent-de-Paul se créèrent.

En voici une à Trèves, sous la présidence du docteur Ladner, et dans le même temps une société des Dames de Sainte-Élisabeth. Elles se signalent immédiatement par leur efficacité, au cours de la terrible épidémie de choléra qui dévaste Trèves en 1849. Un chroniqueur local note le succès de leurs appels : « De nombreux membres de la corporation des boulangers s'engagèrent à distribuer gratuitement plusieurs livres de pain par semaine. Les mairies et les communes firent des collectes. D'immenses quantités de pommes de terre, de grains, de haricots, de lentilles, de paille furent envoyées des campagnes. »

A Cologne, le petit cercle charitable que nous avons vu se constituer obscurément et presque en secret dans la maison de Sibylle Merlo se transforme, dès le printemps de 1849, en Association de Sainte-Élisabeth, et c'est Louise Hensel qui la préside. Et bientôt, à côté de ces dames, dans la seule ville de Cologne, voici deux conférences de Saint-Vincent-de-Paul. L'archevêque Geissel les soutient puissamment. Elles se déploient dans tous les ordres de la bienfaisance et de l'assistance. Notamment elles développent les «Sociétés de compagnons», fondées par l'abbé Kolping pour secourir les ouvriers rhénans qui vont de ville en ville et jusqu'en France exercer leur métier. Et toujours avec tant de succès que le Conseil central de Paris élève la section de Cologne au rang de comité provincial pour les pays du Rhin, et qu'aujourd'hui encore le secrétariat des sociétés de Saint-Vincent-de-Paul pour toute l'Allemagne siège à Cologne.

A Mayence, le vicaire général Lennig, l'ami de Lamennais et de Montalembert, fonde deux sociétés de Saint-Vincent-de-Paul et de Sainte-Élisabeth. Elles se donnent « la noble tâche de trouver par leurs aumônes et leurs actes de charité le chemin du cœur de ces hommes dont l'extérieur misérable n'est que la fidèle expression de la détresse de l'âme, et de les arracher à cette double misère ». C'est ainsi que parle un témoin.

D'autres villes, Bonn, Düsseldorf suivent cet exemple.

Et ce n'est pas tout. Maintenant, avec le nouveau régime politique, nos petites sociétés d'Aix-la-Chapelle peuvent s'organiser en congrégations régulières. Les dames que Clara Fey a groupées pour l'enseignement des orphelins et des pauvres prennent le voile, et désormais elles s'appelleront les *Sœurs du Pauvre*

Enfant Jésus. Clara Fey est leur supérieure. En même temps, toujours à Aix-la-Chapelle, le petit monde, qui depuis 1845 s'emploie avec Françoise Schervier au salut des femmes perdues et au soin des malades, se transforme, lui aussi, en un ordre régulier de sœurs, sous le vocable de *Sœurs Saint-François.* Leur supérieure Françoise Schervier est une femme énergique, et très vite la nouvelle congrégation multiplie au long du Rhin ses œuvres et ses installations. A Aix-la-Chapelle, elle assure le service de l'hôpital et organise des cuisines pour les pauvres dans les divers quartiers de la ville ; dans tout le diocèse de Cologne, et puis à Coblence et à Mayence, elle ouvre des maisons, des ouvroirs et des hôpitaux. Mgr Geissel a bien raison, quand il appelle cette congrégation franco-rhénane « une des plus belles fleurs de la vie religieuse renaissante ».

Ces fondations locales ne suffisent pas aux besoins du pays. On appelle des ordres français : au mois de décembre 1848, le vicaire général Lennig fait venir d'Alsace à Mayence trois sœurs de Saint-Vincent-de-Paul. Elles dirigent l'hôpital Saint-Roch et bientôt y joignent l'orphelinat et la maison des Invalides. Dans la même ville, en 1853, les sœurs du Bon Pasteur d'Angers installent une maison. — Dans tous les diocèses du Rhin et même à Darmstadt, qui est une ville protestante, des hôpitaux se fondent sous la direction de religieuses venues de Strasbourg et de Niederbronn.

A ces ordres charitables s'ajoutent désormais les ordres enseignants. Les Frères de la Doctrine chrétienne arrivent à Coblence, où ils ont bientôt plus de cinquante orphelins comme élèves. En 1851, l'évêque Ketteler fonde une école de garçons à Mayence, et fait venir de Paris pour la diriger des Frères de Marie. On recueillera avec curiosité l'annonce que l'évêque mit dans les journaux pour faire valoir ses Parisiens : « Institution Sainte-Marie, placée sous le haut patronage de Mgr Ketteler, dirigée par les frères de la congrégation de Marie, de Paris. » Dans le même temps, le même Ketteler est préoccupé d'assurer dans les villages de son diocèse l'instruction des enfants et le soin des malades. A quel personnel, à quelle méthode s'arrêtera-t-il? Il peut choisir les sœurs d'école de Munich ou les sœurs de la Providence de Ribeauvillé. Les sœurs de Munich mènent une vie trop retirée, se confinent trop dans leur cloître; il leur préfère les sœurs de Ribeauvillé. Sans doute aussi se rappelait-il avec complaisance la petite école tenue dans sa ville natale de Münster par des sœurs lorraines, de la Congrégation du Père Fourier de Mataincourt qui étaient venues se réfugier là-bas, en Westphalie, après la guerre de Trente ans. Il envoya donc une convertie, appartenant à la haute noblesse de Mayence, Fanny de Laroche Starkenfels, accomplir son noviciat dans la petite cité vosgienne de Ribeauvillé, et quand elle revint, elle fonda, en 1856, sur le modèle français, la congrégation des *Sœurs de la Providence de Fincken.*

Cependant les sœurs de Saint-Charles, qui sont à l'origine de toute cette merveilleuse floraison, continuent de croître au milieu de leurs rejets. Au 1er octobre 1851, la chronique mentionne qu'elles prennent la direction de l'orphelinat municipal de Cologne, et que l'évêque de Mayence les installe à Bingen. Mais qu'avons-nous maintenant à dénombrer leurs progrès, les livres que les écrivains d'outre-Rhin leur consacrent, et les hommages que les princes prussiens leur décernent? Leur titre de gloire, c'est qu'il y a désormais dans le plus petit village de Rhénanie des activités charitables dont elles ont fourni le modèle.

Les ordres religieux français se sont répandus en nombre infini sur la rive gauche du Rhin. C'est une véritable pluie bienfaisante qui remplit d'allégresse les protestants eux-mêmes. Ils ne se dérobent pas à la vertu de ces œuvres, où la discipline de France soutient l'élan indigène. Écoutez l'un d'eux, l'historien Riehl, dans ses tableaux de la vie palatine : « A Landstuhl (au diocèse de Spire, c'est-à-dire dans un pays plus qu'à demi protestant), s'élève une nouvelle et imposante construction, qui ressemble presque à un château princier ou à l'établissement magnifique d'un grand seigneur de l'industrie. C'est un orphelinat catholique, organisé comme un couvent et administré par des sœurs. Un vieux prêtre y consacre son temps et sa fortune; comme un des grands défenseurs de l'Église du moyen âge, il a voulu en faire l'unique objet de ses préoccupations et de ses efforts. Ce sont là des choses qui excitent l'enthousiasme du Palatin. Une sorte de fierté patriotique s'empare de lui à la vue d'un tel établissement religieux, eût-il envie d'en médire à un autre point de ... e. On pourrait en dire autant d'un grand nombre de fondations ou d'associations religieuses, qui se sont développées ces derniers temps dans un pays, où, il y a peu d'années encore, on aurait pu les chercher en vain en plein midi avec une lanterne. » (*Les Palatins*, 1857, p. 401.)

Pourquoi cette louange chez des protestants? Par élan spontané et parce que d'honnêtes gens admirent tout naturellement ce qui est beau et bon. Et puis, de ces institutions, les protestants eux-mêmes profitaient. L'Annuaire catholique du Rhin fait expressément remarquer que « les congrégations catholiques qui soignent les malades ne limitent pas leur activité aux gens de leur religion et se consacrent avec un égal dévouement à toutes les personnes qui sollicitent leurs soins et leur assistance. De nombreux cercles de la population protestante ne manquent jamais de s'adresser à eux, quand cela est nécessaire ». (*Kirchliches Handbuch*, 1907-08, p. 181.)

Depuis 1870. — Hélas ! la guerre de 1870 rompit les liens entre les œuvres de charité rhénanes et les œuvres de charité françaises (1). La maison provinciale des sœurs de Saint-Charles à Trèves fut séparée de la maison mère de Nancy. Le centre charitable s'éloigna des régions françaises. De Trèves et du pays mosellan, il alla s'installer à Cologne d'abord, puis encore plus loin, à Fribourg-en-Brisgau, dans le pays de Bade. En même temps son activité se dénaturait. Aux groupements de Saint-Vincent de Paul, d'un caractère si français, succède dans la nouvelle Allemagne bismarckienne « l'Association générale de la Charité de Fribourg-en-Brisgau ». *Caritas verband für das Katholische Deutschland.* La Prusse ne pouvait pas supporter plus longtemps des organisations qui avaient leur centre à Paris. Elle veut avoir son association nationale. La vieille œuvre française est supplantée.

Qu'est-ce que cette « Association générale de la Charité allemande »? Elle nous dit dans ses statuts qu'elle veut développer avec méthode les œuvres de charité, grouper les sociétés, les institutions, les bonnes volontés individuelles et coordonner les efforts. Mais quelle est sa méthode? La voici qui institue des sources de renseignements, qui fonde des bibliothèques, qui publie des statistiques, qui organise des écoles de charité dans les villes, qui crée même des cours de charité dans les universités. Elle a ses congrès annuels, ses revues, ses brochures de propagande, ses savants, ses écrivains et ses professeurs. Reconnaissons ici les formidables systèmes administratifs qui sans doute permettent des efforts convergents, une surveillance des budgets en recettes et en dépenses, un certain anonymat de celui qui doit bénéficier de la charité générale, mais admettons aussi que dans une telle organisation, il n'y a plus rien de l'esprit de charité et de perfectionnement individuel que suppose l'autre manière.

Cet appareil bureaucratique et scientifique de piété dessèche ce qu'il dessert, et nous sommes loin de ces groupes d'une si belle chaleur intérieure que nous avons vus s'animer sous les influences françaises dans les petites villes rhénanes. La flamme qui, de Nancy et de Trèves, au début du dix-neuvième siècle, avait gagné Coblence, Aix-la-Chapelle, puis Cologne et Mayence, où donc est-elle? Les foyers de charité sont éteints ; l'organisation charitable est devenue un mécanisme savant de chauffage central, réglé par des professeurs et des statisticiens. Les Prussiens ont fait perdre au mouvement charitable du Rhin la valeur morale qu'il avait acquise au cours de soixante-dix ans d'influence française. Qu'est-ce qui est en diminution dans ce nouvel ordre de la charité? Le développement de l'être humain.

Le cœur rhénan, disposé par la nature à l'aumône et à la tendresse, s'inquiète. Il se sent inerte et, sinon endurci, appauvri dans son secret. Il avoue son malaise. Depuis plusieurs années, l'Annuaire catholique du Rhin (Kirchliches Hand-buch, 1918, 1919 et 1920) constate le dé-périssement des associations de Sainte-Élisabeth et de Saint-Vincent de Paul, et cherche en vain le moyen de leur re-donner de la vie. Elles assuraient la direction et l'organisation de l'effort charitable, de l'élan. Les Rhénans se demandent comment les revivifier. Et dans les derniers congrès de charité, leurs évêques expriment, tous, les mêmes préoccupations et les mêmes plaintes : de quelle manière, au nom de quoi, de-meurer en concurrence avec l'assistance publique, quand les organisations catho-liques ont tout fait pour ne plus s'en dif-férencier?

Ainsi, dans le domaine charitable, se joue le même drame que dans le do-maine de la légende et de la mémoire historique. Le cœur rhénan souffre de la même manière que l'imagination rhé-nane. Ici encore, la Prusse donne l'as-saut. Comme elle a dénaturé ou étouffé les imaginations du Rhin, elle dessèche les aspirations charitables, les meilleures richesses bienfaisantes de la foi. Et cette action néfaste, si contraire aux dispositions et aux aptitudes des populations rhénanes, nous allons maintenant la voir se manifester dans le domaine social et dans l'activité des classes laborieuses de la vallée du Rhin.

Cependant il s'agit de clore cette leçon et ce trop vaste sujet par une moralité positive.

Après avoir parlé des légendes, dans notre dernière leçon, nous avons formulé un vœu précis et proposé une résolution pratique. Aujourd'hui, nous agirons de même. En nous excusant de ce que pourrait avoir d'osé notre initiative auprès du prélat respecté qui nous fait l'honneur de nous écouter (1), nous souhaitons que le lien, brutalement rompu par la défaite de 1870, entre les associations et congrégations charitables de Rhénanie et de France, se rétablisse, et que les belles forces créatrices

de la piété française recommencent
à répandre leurs bienfaits sur le Rhin.
Nous le demandons aux maisons mères
de celles de nos congrégations qui se sont
répandues au dix-neuvième siècle là-
bas ; nous le demandons aux secrétariats
généraux des associations catholiques de
charité... On appréciera l'importance
qu'aurait cette reprise de relations, si
l'on veut bien considérer que les sœurs
de Saint-Charles, ces Lorraines, pour ne
rien dire des sœurs de la Toussaint, ces
Alsaciennes, ni de tant d'autres ordres,
ont aujourd'hui encore soixante-dix établissements en Allemagne, qui, pour la
plupart, se trouvent sur la rive gauche.

Messieurs, pendant une heure, nous
venons de nous ramasser dans une seule
espèce de préoccupation. C'est la vraie
manière pour donner à de telles questions l'attention intense qu'elles mé-
ritent. Nous avions à prendre une idée
d'un immense sujet, le catholicisme
rhénan ! Pour éviter d'être superficiels,
nous nous sommes resserrés dans les

choses de la charité. Nous continuerons à bien délimiter, à chaque leçon, notre objet, afin de ne pas nous perdre et disperser. Mais du moins le problème où nous nous cantonnerons la prochaine fois nous portera en pleine activité économique. Nous parlerons des directions que la France a données et laissées dans la vie économique et sociale du Rhin.

IV

LES DIRECTIONS FRANÇAISES
DANS LA VIE SOCIALE DU RHIN

Le Rhin d'aujourd'hui n'est pas seulement le pays des vieux souvenirs historiques et des associations de charité, mais aussi et surtout un pays de fameux développement économique. J'ai hâte de le dire avec vous, et leur part faite aux choses de l'imagination et du cœur, qui seront éternelles sur le Rhin, je me réjouis que nous portions notre étude sur cette puissante activité de l'industrie et du commerce.

L'idée professionnelle, le souci de produire et d'échanger, voilà le principe autour duquel s'organise toute la vie rhénane. Vous connaissez la multitude de ses syndicats et de ses coopératives.

Pas d'ouvrier ou d'employé, d'industriel ou de négociant, de grand propriétaire ou de paysan qui ne fasse partie d'un groupement corporatif ; pas de village, de cité ouvrière ou de ville commerçante qui n'ait ses bureaux de syndicats, ses commissions et ses réunions de travailleurs ou de patrons.

De ce fourmillement d'activités, les gens d'outre-Rhin tirent grand argument : « Voyez, disent-ils, ce que la Prusse a fait de la Rhénanie... » Ils citent avec orgueil des chiffres. Des chiffres formidables, qui établissent le développement prodigieux de l'industrie métallurgique et minière sur la rive gauche, depuis 1870. Des villages sont devenus des villes, et de la frontière belge jusqu'au Rhin, d'Aix-la-Chapelle à Cologne, les usines et les cités ouvrières se succèdent sans interruption. Avec l'essor économique va de pair l'essor des œuvres de protection sociale : cités-jardins, caisses d'assurance, hôpitaux, coopératives. Et tout cela, l'œuvre du régime bismarckien... Sans doute, mais à des appels plus profonds quelque chose de tout différent de la Prusse répondrait. Dans cette richesse et ce débordement de vie industrieuse, s'expriment avant tout des dispositions autochtones : le goût de l'effort, l'application, l'attachement au métier. Et c'est la France qui, au début du dix-neuvième siècle, a mis en mouvement et en forme cette belle et bonne matière rhénane, alors immobilisée dans des formes surannées. C'est la France qui gît au cœur de toutes les institutions commerciales et industrielles du Rhin, et qui, invariablement, se retrouve à l'origine de ces puissantes manifestations.

Parlons clair et posons la formule que nous allons justifier : ce sont les administrateurs français, à l'aube du dix-neuvième siècle, qui ont les premiers compris les belles qualités laborieuses du peuple rhénan, qui les ont harmonieusement groupées et qui surent leur donner une valeur utile et humaine.

Ah ! ces administrateurs, quel honneur ils font à notre race ! Ils appartiennent à cette série de grands Français réfléchis qui, fût-ce en dehors des cadres politiques, donnent sa solidité et son armature à notre nation. Des intelligences claires, précises et larges (larges, c'est-à-dire généreuses, humaines). Sur les territoires qu'ils ont à gérer et qu'ils animent d'une vie puissante, ils déploient des talents d'une telle sorte qu'on peut les nommer des vertus. Leur caractéristique me semble qu'ils sont des faiseurs de calme. Si vous voulez les comprendre et les situer, considérez qu'ils sont apparentés aux grands intendants et diplomates royaux, au milieu desquels se détachent un Colbert, un Turgot, un Vergennes, ou plus près de nous aux Faidherbe, aux Galliéni, aux Lyautey et aux Mangin. Nous aurions le plus grand intérêt à faire connaître à l'étranger et à méditer nous-mêmes l'œuvre et la vie de ces préfets impériaux en Rhénanie, Jeanbon Saint-

André, Lezay-Marnesia, Ladoucette et Képler. Que n'avons-nous un bon livre total, plein de documents publics et privés, sur ces hommes exemplaires ! Ce livre, je le demande aux Alsaciens et aux Lorrains qui m'entendent et qui trouveront sur place les documents, puisque Lezay-Marnesia est le fils d'un capitaine au régiment royal de Metz, Ladoucette le descendant d'avocats à la cour souveraine de Nancy, et Kepler un enfant d'Andlau (1).

Sous l'administration de ces hommes supérieurs, ce fut au début du dix-neuvième siècle un essor merveilleux de l'industrie, du commerce et de l'agriculture sur le Rhin. Les historiens français et allemands nous en donnent le tableau. Ils nous montrent la multiplication des fabriques et des usines, dans le bassin de la Sarre et dans la basse vallée du Rhin : fabriques de drap à Aix-la-Chapelle, manufactures d'étoffes de soie et de velours à Crefeld, fabriques de toiles à Gladbach, fabriques d'aiguilles et

d'épingles à Borcette, fabrique de laiton
à Stolberg ; ils nous décrivent la prospérité des paysans dans les vallées fertiles
du Palatinat, dans les riches plaines du
Rhin, et l'activité des ports francs de
Mayence et de Cologne ; ils évoquent
Napoléon constructeur de routes et de
canaux. Mais ce n'est pas notre affaire
de reproduire des témoignages que l'on
connaît par ailleurs ; notre affaire, c'est
d'avancer dans l'intelligence de ces populations et de comprendre comment
elles furent amenées à ce degré de prospérité, comment sous le régime français
l'application au travail des Rhénans se
trouva éduquée, coordonnée, mise en
train.

Nous ne cherchons pas à décrire le
perfectionnement technique, mais l'événement moral, l'étincelle qui témoigne
d'une affinité réelle. Nous cherchons
l'institution qui dure, l'organisme fécond qui se perpétue sous des domina-
tions diverses ; nous cherchons surtout
les grandes directions éternelles, la se-

mence qui continue de germer à travers les fortunes diverses du pays. Penchons-nous sur la Rhénanie à l'œuvre, sur l'ensemble de ses organisations économiques et sociales ; nous saurons découvrir à travers une activité industrieuse le goût de la liberté du travail et l'attachement au petit coin de terre, oui, l'amour du bel ouvrage, le souci de la bonne qualité, qu'ont enseignés aux Rhénans les préfets et les ministres napoléoniens, et surtout nous saurons évoquer dans les Chambres de commerce fondées par la France sur le Rhin la grande pensée et le principe organisateur de nos économistes et de nos administrateurs.

*
* *

Les Français de la Révolution et de l'Empire arrivèrent sur le Rhin en libérateurs. Tous les historiens de l'industrie rhénane le déclarent sans permettre aucune contestation. Ainsi le livonien Alphons Thun, un des premiers histo-

riens de l'industrie rhénane : « Avec les
Français tombèrent toutes les barrières
juridiques... »

Et d'abord tombèrent ces empêche-
ments mortels que créait pour l'industrie le système des corporations, du pri-
vilège et du monopole. Nous avons jeté
bas ces aides de jadis, devenues des
mensonges. Jusqu'à nous, pour ouvrir
une maison il fallait obtenir un privi-
lège. Avec nous, chacun, s'il a confiance
dans son énergie, peut courir sa chance.
Le principe d'émancipation individuelle
de la Révolution, périlleux par certains
côtés, fait merveille en face des bâtisses
lézardées du passé. C'est le régime français qui a permis aux ancêtres des grands
financiers, industriels et commerçants
rhénans de devenir indépendants et de
fonder leur propre maison. Le fameux
banquier Mevissen, celui qui a construit
les premiers chemins de fer du Rhin,
aimait à rappeler que son père avant
1798 était un modeste compagnon. « Ce
sont les Français, disait-il, qui lui ont

donné la liberté d'ouvrir un atelier, où il fabriquait du fil, dans sa petite ville natale près de Crefeld. Aussi fallait-il voir le cas que mon père faisait de Napoléon. »

Le paysan, nous l'avons libéré des droits seigneuriaux, et en permettant le libre partage du sol, nous lui avons donné la facilité de posséder, lui aussi, son bien.

Le commerçant, nous l'avons libéré des douanes intérieures.

Le compagnon, l'employé, nous lui avons permis de circuler librement de ville en ville, de fonder boutique ou atelier à l'endroit qu'il a choisi, et même de réunir plusieurs occupations pour accroître son gain.

Avec quelle satisfaction les Rhénans reçurent ce beau cadeau de liberté ! Dans son livre sur les Palatins, Richl montre que ces réformes correspondaient profondément à leur humeur libre et à leur activité. Ils les adoptèrent si étroitement qu'il ne pouvait plus être

question de les leur arracher. A notre
départ, l'administration prussienne n'osa
pas y toucher. Il y a là un fait d'immense
importance, qui différencie désormais
les gens du Rhin et les gens d'outre-
Rhin. Maintenant quand les Allemands
des deux rives discutent entre eux, c'est
toujours sur cette donnée que la rive
droite restait attachée au système des
corporations et des classes, alors que la
rive gauche avait fait sien le régime de
la liberté.

Les Français, en même temps qu'ils
libéraient dans la profession et dans le
métier l'effort des Rhénans industrieux,
se préoccupaient de l'encourager.

Comment ils s'y prirent? Des notions
desséchées, abstraites nous le diront mal.
Il faudrait accompagner l'Empereur
dans ses trois grands voyages, entendre
ses conversations sur place avec ses
fonctionnaires et avec les indigènes
(nous en avons des traits), le suivre, lui
et ses agents, dans leur vie créatrice

quotidienne. Quelle leçon d'intelligence
et de volonté nous prendrions, à le voir
aux prises avec les questions, les débrouillant, les réglant !

Le voyage qu'il fit à l'automne de
1804 dans les pays rhénans fut presque
tout entier consacré aux questions économiques. A Aix-la-Chapelle, il visite les
fabriques d'aiguilles de Gottfried Pastor
et des frères Peters, la fabrique de drap
d'Ignace van Houten, membre de la
Chambre consultative. Il donne à ce
dernier l'ancien couvent des Dames-
Blanches, contre une somme de quarante mille francs, pour y installer des
appareils mécaniques qui perfectionne-
ront la fabrication du drap. Il donne au
fabricant Conrad Claus une partie du
couvent de Sainte-Anne, contre une
somme de sept mille francs. Il cède
pour la somme dérisoire de treize mille
francs à l'Alsacien Laurent Jecker des
bâtiments appartenant à l'ancienne
abbaye d'Herzogenrat, pour y installer
sa fabrique d'épingles. On note encore

qu'à Crefeld, il logea chez le grand fabricant de soieries von der Leyen.

Et sur son exemple, ses fonctionnaires se réglaient. Leur correspondance avec les Chambres de commerce constitue une sorte d'enquête permanente. Une enquête avec des solutions. Ils ne se lassaient pas de questionner et de décider.

Que veut donc le génie de la France? Développer la prospérité, assurer le bien-être des populations rhénanes? Sans doute. Mais son ambition est plus haute et plus noble. Il s'agit d'éduquer la bonne volonté des Rhénans, de leurs industriels, de leurs agriculteurs et de leurs commerçants.

A la suite de son voyage de 1804, Napoléon ordonne qu'une exposition sera organisée tous les ans à Aix-la-Chapelle (sur la grande place, derrière la nouvelle redoute), à laquelle pourront participer tous les fabricants et manufacturiers du département de la Roer, une exposition où un jury d'industriels distribuera des médailles d'or et d'argent, solennellement, le jour de la fête de Charlemagne, avec discours du préfet, concours des autorités et « toute la pompe convenable », comme s'exprime le décret,

En 1806, pour fêter Austerlitz et manifester la puissance industrielle de la France, une grande exposition est organisée place des Invalides, à Paris. « Une espèce de tableau vivant de la statistique industrielle de la France. » C'est encore ainsi que parle le décret. Cent exposants sont venus du département de la Roer, parmi lesquels les fabricants d'aiguilles d'Aix-la-Chapelle obtinrent une médaille d'or, le fabricant d'épingles Laurent Jecker une médaille d'argent, et plusieurs fabricants de casimir, de nankin et de rubans, de Crefeld, de Cologne et d'Aix-la-Chapelle, des mentions honorables.

Et encore à Trèves, en 1808 et 1810, se tiennent d'autres expositions artistiques et industrielles, avec le concours de la Chambre de commerce de Trèves et de la Société des recherches utiles du département de la Sarre.

En même temps que ces grandes expositions régionales et nationales qui stimulent l'imagination industrieuse du Rhin, Napoléon crée en vue d'objets très précis des concours et des primes. Il veut susciter des inventions dont il reconnaît l'utilité pour le bien public. Successivement, il promet vingt-cinq mille francs à l'inventeur qui trouvera le moyen pratique de teindre en bleu de Prusse les lainages et cotonnades ; cent mille francs à qui découvrira une plante indigène, aisément cultivable, dont on pourrait extraire une matière colorante remplaçant l'indigo ; cinq mille francs pour la fabrication d'un fil de fer utilisable dans les filatures de coton et de laine ou d'aiguilles à coudre ; un million, par décret du 10 mai 1810, à qui construira la meilleure machine pour filer le lin et pour fabriquer des étoffes analogues à la mousseline et au brocart. L'État français va jusqu'à fournir directement des avances et des secours à l'industrie et au commerce. Au cours de la crise économique de 1810 à 1811, il ne distribue pas moins de dix millions de francs.

Je ne crois pas que nous perdions notre temps en tirant de sa poussière une vieille circulaire où la Chambre de commerce de Crefeld, en 1811, avertit les maires de l'arrondissement que « Monsieur le préfet, baron de Ladoucette, désirerait qu'il fût érigé un musée à Aix-la-Chapelle, qui comprendrait les échantillons de tous les objets qui se fabriquent dans le département ». La circulaire ajoute : « Veuillez donc, monsieur le maire, inviter MM. les fabricants à réunir dans une carte complète d'échantillons tous les objets qu'ils fabriquent. » Qui ne sent l'intérêt de surprendre ainsi, dans les archives, la première palpitation d'une grande idée et la proposition d'où naquirent tous les musées industriels rhénans?

Et tout ce qu'ils font là pour l'industrie, les administrateurs impériaux le renouvellent pour l'agriculture, pour le commerce, pour les petits métiers d'artisans et de boutiquiers. C'est un système chez eux de ne laisser aucun ordre de bonne volonté en arrière. Ils s'appliquent à développer d'une manière harmonieuse chacune des parties de la vie économique. Industrie, commerce, agriculture, petits métiers, ils protègent et guident toutes ces activités diverses, en liaison intime les unes avec les autres.

Mais ce n'est pas assez pour l'administration française sur le Rhin d'équilibrer dans leur développement toutes les branches du travail ; elle veut établir l'harmonie entre les classes.

A cet effet, la loi du 18 mars 1806 crée les conseils de prud'hommes. Ces tribunaux, composés d'industriels, de chefs d'ateliers, de contremaîtres et d'ouvriers patentés, régleront les conflits entre ouvriers et patrons, entre apprentis et artisans. Le rapporteur Regnault de Saint-Jean-d'Angély insiste tout particulièrement sur leur caractère patriarcal : « Des tribunaux de famille, dit-il, qui joindront à l'inflexible sévérité de l'autorité publique une sorte de bienveillance paternelle. » Un premier conseil de prud'hommes est élu à Aix-la-Chapelle en 1808. D'autres suivent, à Crefeld, à Cologne et dans tout le département de la Roer. Avec tant de succès que, plus tard, les assauts des Prussiens seront impuissants contre cette idée française. Les conseils de prud'hommes existent toujours sur le Rhin.

Mais l'institution la plus prévoyante ne saurait tout régler et les préfets agissaient selon les circonstances. En 1813, après la défaite de Leipzig, une grave crise industrielle menaçant la Rhénanie, le préfet de la Roer, Ladoucette, écrivit aux maires et aux Chambres de commerce sa crainte que des émeutes n'éclatassent dans la population ouvrière privée de travail, et que les perfectionnements mécaniques établis avec tant de peine ne fussent détruits. Il les priait donc de trouver les moyens d'assurer du travail aux ouvriers. Pour sa part, il allait entreprendre de grands travaux d'utilité publique. Les Chambres répondirent que les fabricants rempliraient leur devoir et tenteraient l'impossible pour distribuer des vivres aux ouvriers et les faire travailler au moins la moitié du temps habituel... Des prévoyances si généreuses, pendant cent ans, on ne les retrouvera plus sur le Rhin.

Ainsi voilà éduquée, encouragée, harmonisée la volonté de travail des Rhénans. Ainsi voilà apaisées les graves luttes de classes qui pouvaient arrêter ou entraver ces activités vivifiées. Ce n'est pas tout : le travail rhénan possède, grâce aux Français, des centres autour desquels se groupent ses efforts et qui offrent une collaboration toute prête aux préfets impériaux. Nous devons donner notre plus sérieuse attention au grand rôle des Chambres de commerce françaises sur le Rhin.

Fondées en 1802 à Mayence et à Cologne, multipliées dès 1806 à Crefeld, Aix-la-Chapelle, Stolberg et Trèves, composées, chacune, d'une dizaine de membres, fabricants de soieries, de drap ou de laiton, grands commerçants, agriculteurs, présidées par le maire ou le préfet, « elles doivent, dit le décret, faire connaître la situation et les besoins des fabriques, indiquer les obstacles qui pourraient ralentir leurs travaux et les moyens de les écarter, proposer leurs vues sur les diverses améliorations souhaitables ». Elles préparent l'organisation des expositions et travaillent à l'établissement des statistiques.

Du haut en bas de la hiérarchie, tous les fonctionnaires prennent leurs avis. Le 9 octobre 1812, dix jours avant de quitter Moscou, Napoléon les consultait par lettre sur les conditions économiques à imposer à la Russie, et nous possédons la réponse de la Chambre de commerce

de Cologne. Vraiment elles président à
toute l'activité économique, sociale et
même politique du Rhin. On ne peut
pas s'exagérer leur rôle. Elles forment
la clef de voûte de l'édifice construit
par la France. Comme les hôpitaux et les
ouvroirs des sœurs de Saint-Charles,
comme les légendes se rattachant au
passage des Français, les Chambres de
commerce font partie, dorénavant et
pour toujours, de la tradition du Rhin et
de sa vie réelle.

*
* *

Toutes ces mesures de haute civilisation, je ne puis que les énumérer. Est-
ce assez pour qu'on se fasse une idée
de l'ensemble qu'elles composent? Il
faudrait qu'une prodigalité de faits bien
classés nous rendît intelligible ce qu'il y
a tout à la fois de méditation et de géné-
rosité, d'élan et de sagesse, dans cette
construction française. Durant ces
quinze années, c'est bien autre chose
que de la vie économique qui se crée :

une société nouvelle s'organise, une société rhénane à la française. Et c'est
ici que l'œuvre de la France dépasse
lumineusement l'œuvre de la Prusse en
1870. Les Rhénans le savent-ils? Qu'ils
vérifient nos dires. S'ils examinent ce
qui vient de naître de toutes ces mesures économiques, ils découvriront une
chose étrange, qui éclaire vivement
toute l'œuvre de la France en Rhénanie :
la naissance d'une nouvelle espèce
d'hommes, l'apparition d'une nouvelle
classe. Une classe dirigeante, et pourtant pas un patriciat, ou du moins un
patriciat perpétuellement renouvelable.

Il se forme dans ces départements de
la Rhénanie une catégorie — moins fixe
qu'une caste, plus consciente de sa responsabilité qu'une simple classe professionnelle, — une catégorie de notables,
connus et protégés par le gouvernement,
qui font partie des conseils municipaux,
des tribunaux de commerce, des Chambres de commerce, qui vont à Paris au
Conseil général du commerce ou des

manufactures, qui représentent à l'occasion leurs départements dans la capitale de l'Empire. Le maire de Crefeld, le grand fabricant de soieries, F. von der Leyen, fut appelé au Corps législatif en 1804 ; le grand commerçant mayençais Henri von Mappes, au « Conseil général du commerce ». Beaucoup de ces notables sont chevaliers de la Légion d'honneur.

Ils composent ces corps et achèvent de s'y former. Ils y apprennent à se détacher de soi et à songer au bien public. Ils deviennent les représentants naturels du pays, des hommes importants, qui prennent des initiatives, en qui l'on a confiance. « Des personnalités distinguées », dit l'administration. Ils sont ceux qui ont de la culture et qui en outre connaissent leur devoir social. D'eux sortiront « de bonnes familles », c'est-à-dire des familles où s'amasse un trésor, toute une épargne de civilisation et d'argent. Ils sont la lumière autour de quoi se groupent le travail et la vie du pays.

C'est dans l'intérêt de la Rhénanie, c'est dans l'intérêt de la France. Il s'agit de donner des centres et des directions à l'effort économique ; il s'agit de donner des points d'appui à l'action française. Le système napoléonien est clair : ses fonctionnaires ont besoin de trouver des représentants naturels de la population, et s'ils ne les trouvent pas ils les créent. L'administration crée des corps et des individus qui soient des forces honnêtes et réelles, autour de qui se rassemblent les populations et sur qui elle puisse s'appuyer.

La liste des notables établie pour les élections à la Chambre de commerce comprend à Mayence quarante noms ; à Aix-la-Chapelle, cent-un ; à Cologne, soixante-trois ; à Crefeld, vingt-trois. Parmi les notables d'Aix-la-Chapelle, je note Corneille de Guaita, membre de la Légion d'honneur, maire et président de la Chambre de commerce, dont la famille s'attachera décidément à la fortune de la France. En 1810, le ministère de l'Intérieur fait établir par ses préfets une liste des principaux fabricants de chaque département, afin .de connaître les industriels que « l'importance de leur exploitation et de leurs fortunes, leurs capacités, leurs connaissances et leurs relations personnelles rendent aptes à occuper des situations publiques importantes et à entrer dans le Conseil général des manufactures ». Cinquante-sept fabricants sont désignés dans le département de la Roer. Le préfet Ladoucette recommande particulièrement les sept principaux industriels en soieries, en draps et en laiton de Crefeld, d'Aix-la-Chapelle et de Stolberg.

L'apparition de ces notables, c'est une chose de grande importance, qui d'abord ne nous frappe pas, nous autres Français, car une nation connaît mal ses vraies vertus, ses vrais caractères, et nous sommes habitués à vivre de cette classe intermédiaire, mais quelle nouveauté saisissante en Rhénanie! En Allemagne, il n'y a pas de ces hommes éclairés, cultivés, conscients de leur rôle social, qui sont en France la vie et la tête, la respiration régulière du pays. En Allemagne, il y a le prolétariat et puis l'aristocratie de la terre, de l'industrie, de l'argent. Pas d'entre-deux. Aussi quel souvenir gardent de cette formation franco-rhénane les Rhénans réfléchis ! Trente ans plus tard, on parlait encore de ces notables dans le Palatinat. On les y voyait encore vivre.

Dans le Palatinat surtout, car ici les vallées montagneuses plus à l'abri des influences prussiennes, assez ménagées par l'administration bavaroise, ont mieux gardé que le Rhin le trésor moral que la France y avait constitué. Dans son livre charmant sur *le Palatinat et les Palatins*, l'instituteur Becker célèbre avec la liberté la plus naïve les notables palatins dont les vertus de travail et de bienfaisance l'émerveillent. Il nous décrit autour de lui toute une collection de ces figures respectées : le vieux Petersen, l'ancien sous-préfet napoléonien de

Kaiserslautern, chevalier de la Légion d'honneur, qui vivait dans son agréable maison de campagne des environs de Klingenmünster, et qu'il célèbre comme un des plus remarquables Palatins qui ait jamais existé; Michel Hoffmann, qui fut maire de son village de 1805 à 1846, année où il mourut au milieu de sa nombreuse famille, et qu'il appelle pompeusement « le César de Klingenmünster »; la famille Wild, qui habite la vallée de la Nahe et qui fournit des maires au village de Staudenheim depuis l'époque de la République française; et puis, entre toutes les familles du Palatinat, la plus marquante et la plus riche, la famille de Gienanth, qui habite une importante villa, entourée de jardins, au bord de l'Alsenz, au pied du mont Tonnerre. Tous ces notables, toutes ces belles familles palatines, dont la fortune et le renom se sont faits sous l'Empire français et que le petit instituteur palatin célèbre sous le nom latin d'*Honoratiores*, sont entourés de la considération du

pays. Ils mènent la vie simple des paysans de leur voisinage, soutiennent de
leurs dons les établissements de bienfaisance, les écoles et les églises, tracent
à leurs frais des chemins ruraux et dis-
tribuent des pensions aux ouvriers invalides ou aux veuves nécessiteuses. Bref,
les notables palatins sont les vrais représentants de leur race. Becker voit en
eux « les types les plus parfaits du caractère palatin, énergiques, pratiques et
persévérants ».

Je m'arrête avec plaisir sur ces détails, que nous ont souvent présentés
dans leur relief les savoureux récits
d'Erkmann-Chatrian. Ces détails sont à
l'origine de la vie sociale du Rhin au
dix-neuvième siècle, et les plus propres
à nous la rendre intelligible. Bien loin
de les croire superflus, je désirerais
qu'ils fussent multipliés avec méthode.
Le beau sujet, pour des étudiants qui
voudraient rechercher des documents
précis (témoignages contemporains, por-
traits, écrits signés, dans les archives,

dans les familles), et lire à même en quelque sorte sur ces territoires. Taine aurait aimé étudier certaines familles, les suivre dans leurs diverses branches d'après des souvenirs et des traditions exactes. Ce sont de même des lumières sur la manière dont se crée une civilisation que je demanderais aux enquêtes que j'entrevois et qui nous montreraient quelle classe d'hommes arrive au pouvoir local en Rhénanie au début du siècle, de quelle qualité, en vertu de quelle organisation, et comment ces nouveaux venus prennent en main les affaires publiques. Il y a de saisissantes monographies à tracer de ces Français-Rhénans qui furent suscités par les mesures de notre administration et qui fondèrent l'industrie du pays. J'ajoute, ce qui est bien fait pour intéresser les jeunes travailleurs qui m'écoutent et auxquels je me permets de m'adresser, que parmi ces notables, parmi ces industriels et ces commerçants, qui tinrent les clefs et ouvrirent les voies, il faut

citer des Alsaciens. Ainsi ce Laurent
Jecker, inventeur d'un procédé de fabrication des aiguilles, qui installa une
fabrique à Aix-la-Chapelle, avec les
frères Migeon de Charleville, et qui ven-
dait, dit-on, vingt pour cent meilleur
marché que les autres fabricants. Ainsi
encore Jean-Guillaume Rautenstrauch
qui, né en 1791 à Strasbourg, s'établit
à Trèves en 1824 pour y fonder un des
commerces de peaux les plus importants du continent, et devint le président de la Chambre de commerce.

Voilà l'œuvre française. Une œuvre
bien méditée et bien appliquée, qui se
propose de libérer l'élan du travail, de
développer la prospérité et le bien-être,
d'assurer l'harmonie et l'équilibre, enfin
de créer le sentiment du devoir civique
et des responsabilités municipales. Napoléon et ses administrateurs n'ont rien
épargné pour développer l'industrie de
la basse vallée du Rhin, pour tirer parti
de la fertilité du sol rhénan, mais ils ont

voulu que ce développement de la vie économique fût aussi le développement de toutes les valeurs humaines du pays, — et c'est là que les initiatives françaises se différencient vraiment et à fond de tout ce que les organisations ultérieures ont pu réaliser.

Après quinze ans, il y avait déjà en Rhénanie une tradition, un esprit industriel, une communauté de méthodes. De Spire à Clèves, de Sarrebrück à Trèves et à Aix-la-Chapelle, une solidarité s'était établie. Le Rhin commençait à devenir une frontière. Détail qui ne laissera pas de faire sourire, les industriels rhénans accusaient leurs confrères d'outre-Rhin de fabriquer de la camelote. C'est ce que l'on voit, en lisant la pétition que la Chambre de commerce de Crefeld adressa au gouvernement impérial pour protester contre l'incorporation du grand-duché de Berg à la France.

Et bien tard dans le siècle allait se prolonger sur le Rhin un véritable culte des industriels pour le grand empereur.

Comme les vétérans de la grande armée, comme Clément Brentano dont nous avons entendu les accents enflammés à propos de Napoléon restaurateur des congrégations charitables, les industriels de la basse vallée du Rhin s'enthousiasment au souvenir des quinze années impériales. Tout comme un grognard, le père de Mevissen conserva toute sa vie le souvenir des quatre mots qu'en 1811, à l'exposition de Düsseldorf, il avait échangé avec le Héros. On regrette que le professeur à l'Université de Bonn, M. Holzhausen, qui se préoccupe de rechercher les traces du culte pour Napoléon sur le Rhin, et qui a dépouillé à cet effet toute la série des poètes, ait négligé les témoignages caractéristiques de la fidélité des Chambres de commerce à la mémoire de leur fondateur (Cf. Mathieu Schwann).

*
* *

Quand les Français furent partis, les Chambres de commerce, les sociétés lo-

cales et les notables s'efforcèrent de
continuer l'œuvre de la France. Les
Chambres de commerce demeuraient pé-
nétrées de la doctrine qui avait présidé
à leur création et des idées qui avaient
été déposées dans leurs assises mêmes.
Elles restaient dirigées par des hommes
de formation française. Celle d'Aix-la-
Chapelle, par David Hansemann, qui
avait fait ses années d'apprentissage
comme secrétaire d'un maire français
du grand duché de Berg ; celle de Trèves,
par l'Alsacien que nous venons de nommer, Guillaume Rautenstrauch ; celle de
Cologne, par Ludolf Camphausen, qui
s'en était allé d'Aix-la-Chapelle à Paris
avant de s'installer définitivement à
Cologne.

Entre toutes ces Chambres, celle de
Cologne continua à jouer après le départ des Français le rôle prépondérant.
Dans son rayonnement se forma, durant
toute la première moitié du dix-neuvième siècle, une jeune génération de
commerçants qui travailla avec succès

à l'essor de la ville. Tous ces gens continuaient à vivre avec les conceptions de l'Empire français : le souci d'équilibrer les différentes branches de l'activité économique et d'harmoniser les différentes classes, et puis la préoccupation d'assurer au groupement des gens éclairés la direction de la vie économique et sociale.

Le jeune banquier Mevissen, à Cologne, est le porte-parole de ces Franco-Rhénans. Il a bien compris l'effort et l'idéal des administrateurs napoléoniens, et nulle part la doctrine française n'est mieux exposée que dans les lettres et les écrits de ce jeune Rhénan. « Ce qu'il y a de plus important pour la vie de l'État, déclare-t-il, c'est la création d'une classe moyenne nombreuse et indépendante. Elle forme la base d'où s'élèvent des individualités pour monter aux plus hautes sphères de la vie libre. La classe moyenne possède l'inestimable avantage d'avoir un pied dans le domaine des nécessités ma-

térielles, un autre dans le domaine de
la liberté, et par conséquent de ne pas
courir le danger de méconnaître son
rôle politique. » — Dans le même esprit,
il souhaite que « l'industrie serve d'intermédiaire entre les différents groupes
de la population, et qu'elle contribue à
la disparition du système des castes et
des classes ».

Mais que de difficultés, chaque jour
grandissantes, rencontraient ces continuateurs de la grande entreprise française ! Leurs efforts étaient continuellement entravés, annulés par l'opposition de la bureaucratie prussienne. Sur
cette opposition nous avons des textes,
et qui ne sont pas suspects de partialité.
Ouvrons les tomes compacts que le protestant Hansen a consacrés à la biogra-
phie de notre banquier rhénan Mevissen. A chaque page, ce sont des plaintes,
des impatiences, des reproches de toutes
sortes. La Prusse s'oppose à la constitution des sociétés par actions ; elle refuse des crédits pour la construction

des premiers chemins de fer rhénans ;
elle suscite d'incessantes difficultés aux
nouvelles entreprises de l'industrie tex-
tile ou métallurgique ; elle interdit la
création de sociétés minières, de sociétés
de contre-assurance ; elle n'accorde aucune représentation au commerce ni à
l'industrie dans les assemblées provin-
ciales et ne consulte que bien rarement
les Chambres de commerce du Rhin.
« D'un côté, une masse énorme de projets pratiques, utilisables, établis par
une bourgeoisie appliquée et travail-
leuse ; de l'autre, le mauvais vouloir du
gouvernement prussien et l'impossibi-
lité d'agir efficacement sur lui. » Voilà,
selon le biographe allemand, la marque
caractéristique de l'époque, et ses témoignages accablants nous font voir
dans une sorte de clarté tragique comment la nouvelle classe de la bourgeoisie,
qui s'était formée sous le régime napoléonien et par ses soins, se trouva brisée
dans son développement.

Jusqu'à 1850, les industriels rhénans,

de la même manière qu'ils avaient collaboré avec l'administration napoléonienne, s'efforcèrent de collaborer au
développement de la vie économique et
sociale de l'État prussien. Mais la bureaucratie prussienne refusait leur concours. Elle voulait régler sans eux sa
politique économique et sociale. A partir de 1850, ils se résignèrent à ne plus
s'occuper que de leurs entreprises particulières. Le bel idéal napoléonien des
« notables » s'évanouit. Dans une lettre
mémorable du 27 janvier 1851, Mevissen écrit ces lignes où l'on croit entendre
une âme découragée : « Dans l'état actuel
des choses, et par suite de l'impuissance
absolue de la Chambre dans les questions politiques, je pense que les intérêts matériels constituent désormais la
seule base sur laquelle pourra se développer un meilleur avenir. » Nos industriels rhénans vont consentir, par impuissance, à n'avoir plus pour idéal que
de faire fortune.

Les résultats de cet abaissement qu'a

voulu le régime prussien n'apparaissent qu'avec une clarté trop éloquente. Les procédés du mercantilisme et le goût de l'argent se développent ; les vertus morales et sociales de la petite bourgeoisie disparaissent ; les grands industriels et les grands propriétaires luttent avec le prolétariat industriel et agricole, chaque jour accru, à qui des théoriciens donnent ses nouveaux principes de revendication. C'est l'heure où les doctrines de l'Internationale des travailleurs s'arment, à l'ombre des cathédrales de Trèves et de Cologne. Karl Marx transpose en quelque sorte dans la vie économique les conflits dont son hérédité juive lui apportait le souvenir, et bientôt un autre Rhénan, Bebel, va s'efforcer d'organiser les masses des travailleurs rhénans pour le combat social.

Hansen reproche à la bourgeoisie de n'avoir pas su jouer son rôle dans l'Empire allemand reconstitué après 1870. « La tâche qui incombait au peuple allemand, non seulement de constituer un

État national vrai, c'est-à-dire ayant sa constitution politique, et d'assurer sa défense, mais aussi de reprendre la mission qu'il s'était fixée depuis la Réforme, mission de rénovation morale et de portée universelle, ne trouva pas de génération capable de l'entreprendre et de l'accomplir jusqu'au bout. Le libéralisme bourgeois, impuissant à concevoir de grandes idées politiques, ne comprit ni les questions économiques, ni les questions sociales qui se posaient. Il manquait aux épigones des chefs, capables, comme leurs prédécesseurs, d'élever l'âme humaine hors des intérêts de groupements, de la détourner de son penchant naturel à juger d'un point de vue étroitement économique la vie matérielle, de la gagner aux grands idéals qui unissent » (p. 855). Ce reproche est injuste pour la bourgeoisie rhénane. Si elle ne sut pas dans le nouvel Empire jouer un grand rôle politique et social, c'est que le régime prussien l'avait détournée, par des obstacles accumulés durant un demi-siècle, de la noble voie que l'administration napoléonienne lui avait tracée.

En va-t-il mieux aujourd'hui? Le régime prussien a-t-il atténué ces erreurs que le protestant rhénan nous met à même de constater? Assurément non. Voyez les faits. Au système des cartels de l'époque bismarckienne, déjà dressés comme des forteresses, comme des machines impitoyables de guerre économiques, pour l'acier et pour le charbon, voici que succède plus brutale encore une impitoyable centralisation berlinoise. Elle impose sa loi et sa doctrine aux industriels du Rhin. Tantôt elle mobilise tous les chefs d'entreprises allemandes dans des trusts formidables; tantôt elle les compartimente en autant de sections qu'il y a de branches dans l'activité économique, et ainsi militarisées elle les mène à nouveau au combat sur le champ de bataille de la concurrence universelle. On ne se préoccupait avant 1914 que d'accroître par tous

les moyens le rendement usinier : on
prétend maintenant lutter pour recon-
quérir les marchés perdus, et lutter en
forcenés dans une sorte de conspiration
des forces mauvaises. Ah ! qu'il est loin
le souci du développement harmonieux
des populations rhénanes ! Ce sont des
fiefs que reconstituent un certain nombre de magnats de l'industrie germanique, et nous sommes en train de revoir
sur le sol de l'antique Saint-Empire ce
que Rathenau, d'un coup d'œil puissant,
appelle les duchés des Stinnes, des Ha-
niel et des Stumm !

*
* *

Cette féodalité économique peut encore apporter des satisfactions matérielles sur le Rhin et séduire une part
de ces populations où se perpétue le
prestige de la prospérité d'avant-guerre.
Mais il y a parmi elles des gens clairvoyants, dont c'est d'immense importance d'enregistrer l'avertissement. Ces

sages observateurs distinguent autour d'eux les signes avant-coureurs d'un grave malaise social. Avant 1914, disent-ils, la Prusse faisait peser sur la Rhénanie l'omnipotence de Berlin et nous imposait des fonctionnaires amenés des lointaines frontières orientales ; aujourd'hui, elle aggrave les conflits de classe, elle disperse les bonnes volontés sociales, elle méconnaît la valeur de tout le petit peuple varié des gens de la classe moyenne : paysans, artisans, marchands, intellectuels des professions libérales, fonctionnaires...

Ainsi voici qu'après cent ans les Rhénans ont lieu de regretter le bel ensemble social cohérent qui régnait en 1815 en Rhénanie. Le système actuel accentue l'opposition entre les classes et divise la population du Rhin en deux groupements hostiles, d'une part les employeurs et de l'autre les employés, aussi bien dans le domaine agricole que dans le domaine industriel. Il n'y a plus de conducteurs moraux, il n'y a plus d'en-

tre-deux. Ce qui subsiste de la classe
bourgeoise mène une existence morale
chétive. Chacun des deux groupes en
présence n'est dirigé que par des préoccupations exclusivement matérielles de
richesse et de bien-être.

Où est le remède? Les Rhénans inquiets voudraient faire participer leur
ardeur professionnelle à la reconstruction de la vie sociale de la Rhénanie ;
ils cherchent le moyen de constituer
un noyau autour duquel pourra s'harmoniser tout le travail allemand. Avec
un obscur souvenir du temps napoléonien, ils parlent de constituer une
« Chambre du travail », où la classe
moyenne jouera le rôle directeur et re-
prendra les traditions démocratiques
abolies.

L'heure est venue pour nous de rappeler à ces Rhénans désorientés et inquiets toutes les belles vertus sociales,
toutes les hautes préoccupations d'équilibre et d'harmonie que leurs ancêtres
groupaient autrefois autour des Cham-

bres de commerce françaises et dont
quelques feux subsistent encore aujour-
d'hui. Le bel épanouissement de vie
active que les administrateurs français,
les Lezay-Marnesia, les Ladoucette, les
Kepler, les Jeanbon Saint-André, ont
créé sur le Rhin n'était pas porté seulement par la volonté des fonctionnaires
et l'activité de l'État ; il avait sa source
dans les organisations où s'assemblaient
les notables du Rhin. La « Chambre du
travail » à laquelle songent les Rhénans
aujourd'hui, c'est la Chambre de commerce fondée par leurs pères avec les
Français (1).

Et maintenant, pour finir comme nous
avons coutume, j'entends cette question : quelle conclusion pratique don-
nerez-vous à cette leçon?

Ma conclusion sera d'un interprète de
la tradition française plutôt que d'un
économiste ou d'un conseiller du commerce extérieur. Si vous désiriez les avis
d'un administrateur, nous serions tous

d'accord pour les solliciter de l'homme
éminent (1) qui nous fait l'honneur d'assister à ce cours et qui nous répondrait
que la sagesse d'un administrateur diplo-
mate ne se distribue pas dans la chaire
d'un enseignement public. Je souhaite
que la Chambre de commerce française
de Mayence entre en rapport avec les
Chambres de commerce rhénanes pour
examiner les meilleures conditions de
reprise commerciale entre la France et
la Rhénanie. Notre gouvernement a dès
maintenant fait connaître son intention
de rétablir les relations économiques
avec l'Allemagne. Le problème des répa-
rations va se discuter. Il est impossible
qu'à la suite de ces discussions les barrières artificielles créées par le gouvernement de Berlin, j'entends le régime
des licences, ne s'abaissent pas. Mais ce
que je souhaite surtout, c'est que revive,
dans les contacts qui ne peuvent man-
quer de se multiplier, cette nuance avisée
et humaine, que j'ai présentée dans le
passé de nos collaborations franco-

rhénanes, et qui ne cesserait pas, j'en suis sûr, d'avoir son plein succès dans la vie économique de nos voisins. Nous n'oublierons pas l'esprit qui est à l'origine des Chambres de commerce rhénanes ; nous ne les verrons pas seulement comme les organes de l'industrie et du commerce rhénans, mais comme des centres jadis accordés avec notre vie française et des instruments de direction politique et sociale.

Que ce soit l'enseignement pratique de cette leçon ! Le souvenir de tout ce passé encore vivant doit nous servir dans le grand dessein français, qui est de favoriser sur le Rhin l'esprit occidental et d'y protéger les populations contre l'envahissement du germanisme de Berlin... Moralité, résolution qui nous acheminent vers nos conclusions générales, qu'il nous reste maintenant à formuler dans notre cinquième et dernière leçon.

V

CONCLUSION : UNE TACHE NOUVELLE POUR LA FRANCE SUR LE RHIN

Nous venons de grouper dans nos trois dernières leçons quelques-uns des services que la France a rendus à la Rhénanie. Au moment de fermer le volet du triptyque, qu'il me soit permis de regretter que ces heures d'entretien touchent à leur fin, de le regretter pour moi, qui ai trouvé un auditoire si attentif, alors même que je devais multiplier les énumérations de petits faits précis, et pour notre sujet même, dont l'importance eût mérité bien d'autres heures encore.

Nous avons travaillé à dégager, à travers des affinités franco-rhénanes, les tendances indigènes, qui ont été oblité-

rées par d'autres éléments venus d'outre-
Rhin. Nous avons vu des légendes qu'un
panthéisme importé du dehors tendait à
gâter, retrouvant grâce à nous leur simplicité et leur richesse, leur véritable valeur humaine et sociale. Nous avons vu
une piété, que la systématisation de la
charité réduisait à une foi bien peu agissante, produisant sous des impulsions
appelées de France ses plus belles fleurs
de charité. Nous avons vu, au lendemain
des troubles révolutionnaires, la vie économique et sociale de la Rhénanie con-
naissant par nous la liberté du travail
et s'épanouissant sous la direction d'une
élite indigène.

Ainsi nous avons été des éveilleurs,
ou plus exactement des modeleurs. Nous
avons servi la Rhénanie, en donnant
des formes à sa riche matière humaine.
Cela dans les trois domaines que nous
venons de décrire et dans d'autres que
l'on voudrait aborder. Notre cours an-
nonçait un ample sujet, à vrai dire un
sujet illimité, aussi étendu que l'histoire

de nos relations avec la Rhénanie. Je n'ai pu que l'amorcer. Et voilà que nous laissons sans même les nommer d'autres points de contact.

Nous savons que les armées de la Révolution ont trouvé prêts à les accueillir les clubs de Mayence et de Cologne, et que les publicistes libéraux de la Rhénanie en 1848 s'appuyaient sur la pensée révolutionnaire française ; nous savons que dans la campagne menée avant 1914 contre la légion étrangère, les autorités allemandes ont tâché de multiplier leurs efforts dans les villes rhénanes, à cause d'une vieille persistance de nos séductions militaires ; nous savons enfin que pour bien des enrichis des grandes villes négociantes du Rhin, Paris n'a pas cessé d'exercer un attrait de capitale du luxe et du plaisir raffiné.

Nous savons, nous savons encore... Mais ne pouvant tout dire, j'ai tâché de choisir des valeurs qui, à la fois en surface et en durée, indiquent la prise la plus agissante, les points vivaces et durables de rencontre. L'intéressant, c'était de dresser un type d'enquête dont on pourra multiplier les compléments.

Si schématique que soit notre tableau, il parle. Je pense que nous avons levé un coin du voile qui couvrait cet important sujet des relations franco-rhénanes, et que nous avons de nouveau rendu intelligible ce vieux système d'irrigation qui, jusqu'en 1870, a fertilisé toute la rive gauche. Déchus d'une gloire immense, nous nous taisions. Et cela fut noble. Maintenant, après la victoire et devant les tâches qu'elle nous propose, il fallait sortir de cet espèce de silence stoïcien, et puisque nous avons été les bienfaiteurs de la Rhénanie, le savoir et le dire.

Il ne faut plus que personne s'aille promener dans les villes et les campagnes, là bas, sans y voir empreinte dans le sol la main de la France.

Toutes ces pensées que, depuis l'arrivée de Custine dans Mayence, la France a semées au bord du fleuve, y demeurent visibles, certaines et irréfutables. Ne dites pas que l'action de la France a duré de 1792 à 1815 : l'action bienfaisante de nos administrateurs, de nos écrivains, de nos ordres religieux, de nos industriels s'est prolongée jusqu'à aujourd'hui.

Voici, à travers les plateaux et dans les vallées, l'admirable réseau de routes que les ingénieurs français ont construit ; voici dans les grandes villes industrielles et commerçantes, à Cologne, à Mayence, à Aix-la-Chapelle, à Trèves, les Chambres de commerce que l'administration napoléonienne a créées ; voici les hôpitaux que dirigent encore les sœurs de Saint-Charles, l'hôpital Saint-Pirmin à Trèves, l'hôpital civil à Coblence, l'institution Joséphine à Aix-la-Chapelle ; voici, partout et jusque dans les plus petites villes des campagnes, les couvents, les ouvroirs, les écoles de nos congrégations charitables françaises ou des congrégations rhénanes fondées sur des modèles français et qui se nomment *Sœurs du Pauvre Enfant-Jésus, Sœurs de Saint-François, Sœurs de la Providence de Fincken;* voici les gymnases allemands de Cologne, de Trèves, de Mayence qui ne sont autres que les lycées de Napoléon; voici les grands musées d'antiquité de Cologne et de Trèves, dont les premières collections furent rassemblées à l'époque française par des érudits locaux, Walraff à Coblence, Wyttenbach à Trèves; voici encore à Trèves, dans les bâtiments de l'ancien couvent des Capucins, le premier théâtre de la Rhénanie, institué par un décret de Napoléon de 1804. Et même ce monument de Gutenberg, à Mayence, c'est le préfet Jeanbon Saint-André qui en rassembla les premiers fonds.

Et ces monuments, ces institutions continuent d'agir, demeurent mêlés à l'actualité vivante de la Rhénanie. Quand nos troupes ont évacué le pays en 1815, elles y laissaient toute une arrière-garde fidèle, un état-major de

Français-Rhénans, dont nous retrouvons aujourd'hui là-bas, dans la moindre commune, la descendance physique et spirituelle : petits-neveux des notables de l'époque napoléonienne, qui montrent avec plaisir sur les murs de leur salon le portrait du maire, du sous-préfet, du conseiller de préfecture, du membre des tribunaux ou des Chambres de commerce par qui fut anoblie leur lignée ; petits-neveux encore des chevaliers de la Légion d'honneur et des vétérans de la Grande Armée, qui, chaque année, au 15 août, vont en cortège porter des fleurs sur les tombes devenues légendaires et en revendiquer la gloire ; successeurs des religieux et des religieuses qui perpétuent des vertus jadis appelées de France ; modestes chercheurs et historiens, archéologues et mythographes, continuateurs des Walraff, des Wyttenbach, des Laven et des Auguste Becker.

Tout cela : des preuves vraies de notre généreuse activité et nos titres éternels

sur le Rhin. L'Allemagne et le monde
entier peuvent les vérifier, sans qu'il
y ait à craindre que leur valeur soit
ébranlée. Je souhaite ces enquêtes.

Et nous-mêmes, nous devons à l'infini méditer sur ce beau travail français,
afin de bien saisir le sens profond de
notre destinée rhénane. Les généreux
résultats obtenus par nos pères doivent
multiplier notre confiance et diriger
notre action.

Mais ne nous illusionnons pas. Suffi-
rait-il de restituer à ces survivances leur
plénitude de conscience et de vie? Fer-
mement je réponds : non.

La Prusse ne bat pas en retraite. Son
esprit n'a pas repassé les ponts avec ses
armées. Que son désarroi ne nous trompe
pas sur sa volonté? Elle s'apprête à de
nouvelles inventions brutales, hâtives
et tyranniques. Depuis Berlin, elle s'efforce de tendre de nouveaux fils dans
le domaine de la légende et de l'histoire,
dans le domaine de la charité et de la vie
économique. Que nous ménagent les

nouveaux groupements dans lesquels elle tente de militariser et d'astreindre les libres dispositions de l'âme rhénane? Je veux dire « l'Association générale de la charité allemande », aujourd'hui à Fribourg-en-Brisgau et demain à Berlin ; je veux dire « l'Association générale de l'industrie allemande »? Que nous ménage l'effort de ses nouveaux mythographes, qui jettent en paquet sur le trésor légendaire du Rhin une multitude de récits de 1870, de la grande guerre et de notre occupation actuelle, pour recouvrir avec des images haineuses la paix et la lumière de nos souvenirs historiques communs? Nous devons protéger l'esprit français contre des assauts inconnus de nos pères et adapter notre initiative à un siècle nouveau. Nous sommes arrivés, comme il y a cent ans, au moment de fournir une impulsion décisive.

La tâche que nous propose aujourd'hui le Rhin est analogue, mais non semblable, à celle que nos ancêtres y accomplirent. Il ne suffirait pas de ranimer le feu qui couve toujours sous la cendre : l'heure sonne d'opposer, en pleine lumière, sur le fleuve, aux machinations du germanisme de Berlin les attraits les plus actuels du génie de la France.

*
* *

Quelles satisfactions nouvelles la France peut-elle apporter à la Rhénanie? Notre tâche (j'entends vos questions) sera-t-elle d'ordre pratique ou sentimental? Sera-t-elle idéaliste d'abord, ou réaliste avant tout? L'alternative n'existe pas pour nous en 1920, pas plus qu'elle n'a existé pour nos pères, aux temps de la Révolution et de l'Empire. Nous avons sans doute à nous préoccuper de faire une bonne politique économique et d'assurer aux Rhénans des avantages sociaux et administratifs, mais avant tout le rôle de la France à toutes les époques, c'est d'accomplir une œuvre éducatrice. Elle est la nation qui, dans ses meilleurs moments, croit n'avoir rien fait si elle n'éclaire et ne satisfait les aspirations de ceux avec qui elle prend contact... C'est dans cet esprit qu'au cours de ces leçons, nous nous sommes efforcé de dégager quelques éléments indispensables pour nous orienter sur le terrain rhénan et établir les directions que l'heure réclame.

Nous savons ce que sont les Rhénans. Ils ont peur du désordre, et ils semblent toujours, selon le mot de Gœthe, détester plus le désordre que l'injustice. Ils sympathisent surtout avec les volontés qui semblent garantir la vie matérielle, la satisfaction et même le plaisir des masses dans un certain enrégimentement, sans cette prime que nos procédés d'éducation et de politique promettent toujours à l'individu autonome.

Il n'y a pas de pays, même en Flandre ou en Suisse, où on soit plus amateur des réjouissances en commun, des cavalcades, des cortèges, des kermesses, des plantureuses ripailles de la brasserie que dans les villes rhénanes. Même à un plan supérieur, dans le domaine des beaux-arts, les festivals de musique, les représentations de troupes d'amateurs sont des caractéristiques de la population. Elle déteste l'isolement, fût-ce celui du foyer, et tient à se mettre au contact de la collectivité, dès que sont en jeu les joies ou les activités de l'individu. Nous n'y réussirons pas, si nous restons des gens sans rayonnement avec notre petit quant à soi.

Cet esprit d'association animant les activités laborieuses et persistant même dans le plaisir, c'est une particularité que tout aperçu de la vie rhénane nous signale. Les Rhénans seront toujours plus sensibles aux résultats obtenus en commun dans des consortiums d'affaires, aux satisfactions dont l'association est le principe, qu'aux résultats du sens critique individuel et, avouons-le, qu'à la progression de la personnalité politique et civique. Dans ce désir de mettre en commun leurs joies, leurs plaisirs, leurs intérêts, ils diffèrent à fond de certains Français d'aujourd'hui, que tant de siècles de frondes, de révolutions, d'émancipations, de prétentions à l'autonomie, ont surtout développés dans la direction d'une indépendance souvent excessive, accompagnée d'un individualisme ombrageux.

Ajoutons que les Rhénans ne sont pas habitués aux cercles de société où hommes et femmes mettent en commun dans la conversation des éléments d'esprit différents et complémentaires. Voyez-les dans les brasseries de leurs grandes villes, réunis autour d'une même longue table, les hommes dans le haut parlant de leurs affaires, et les femmes dans le bas s'entretenant de leurs ménages, sans que rien de commun à ces deux groupes les enlève le plus souvent à leurs préoccupations quotidiennes.

Tout cela est exact, mais d'une analyse incomplète. Il y faut ajouter qu'à cette heure, les Rhénans sont inquiets et mal satisfaits. Les qualités d'organisation que peut leur offrir la Prusse ne contentent pas pleinement leurs aspirations. Se doutent-ils que la fameuse culture, qui devait remplir leurs heures les plus libérées de souci, est décidément un pauvre aliment pour l'âme? L'idéal de la grande fortune industrielle, symbolisée par un Stinnes ou un Thyssen, ne leur paraît-elle plus aussi enviable que par le passé? Ils ont d'autres besoins de l'activité et de l'âme que ceux qu'on ressent outre-Rhin.

Qu'est-ce donc à dire? Et que veulent-ils, que nous puissions leur donner, comme autrefois les administrateurs napoléoniens apportaient à la Rhénanie ce que les cœurs y désiraient obscurément?

Nous n'en sommes plus à croire que la politique à laquelle s'intéresse le moindre de nos électeurs soit jamais leur fait, et ce n'est pas dans le domaine de la vie électorale que je chercherai le plus volontiers les directions que nous préconiserons.

De même ne croyons pas que les petites querelles de nos cénacles littéraires
soient de nature à les entraîner. Il ne
suffit pas de leur prêcher les Droits de
l'Homme et du Citoyen, ni de leur proposer la jeunesse de Stendhal comme
l'idéal de l'adolescent contemporain.

Bien ou mal, le type de vie que des
siècles ont maintenu dans les habitudes
du pays rhénan tient à se garder à
l'écart d'une centralisation de mœurs
trop poussée. Nous avons à le comprendre et nous n'avons pas à essayer
de l'assimiler à des habitudes parisiennes.
Rien de plus caractéristique à cet égard
que le recul d'un Rhénan comme
Görres, parfaitement bien intentionné
à l'égard d'une entente franco-rhénane,
et qu'un séjour de quelques semaines à
Paris, sous le Directoire, suffit pour re-
jeter loin de nous, parce qu'il n'a rien
vu dans notre capitale que nos aspects
les plus apparents, — les plus différents
aussi des tendances profondes de son
peuple à lui.

Ce que les Rhénans recherchent avant tout, c'est un idéal de l'âme qui leur soit propre et qui les satisfasse : ils demandent à cultiver en toute liberté leurs vertus de race, leurs aptitudes héréditaires, tout ce qui est puisé dans leur riche passé historique et leur sol fertile. Ils savent qu'ils appartiennent à une très antique civilisation et demandent à en cultiver en paix tous les apports. Pas plus qu'ils ne voudraient de la sociabilité un peu vaniteuse de certains cercles parisiens, ils ne s'accommodent de la mécanisation d'outre-Rhin. Pathétique destin de cette vallée et de sa population, qui à travers les siècles n'est jamais parvenue à dégager son génie et à vivre sa vie ! Les Rhénans ont cru un instant, après 1870, trouver leur voie et satisfaire leurs aspirations dans je ne sais quel pangermanisme d'intellectuels et de militaires prussiens. Et c'est là-dessus qu'on nous dit : « Ne soyez pas dupes, la Rhénanie d'aujour-d'hui est pangermaniste et prussienne, tout animée par des agriculteurs qui mènent le combat pour l'Allemagne des hobereaux, et par des industriels qui sont les plus acharnés défenseurs de la métallurgie berlinoise. » Mais ne perçoit-on pas, dans ce concert de teutonisme trop réel, plus d'un accent déjà d'amertume, de désillusion, voire de colère? C'est entendu, cette Rhénanie qui n'a pas su encore se stabiliser oscille perpétuellement. Un de ses hommes les plus représentatifs, Görres, s'est enthousiasmé de la France, puis détourné violemment de nous, et après des années dépensées à la propagande du pangermanisme le plus frénétique, on l'a vu se réfugier à Strasbourg et s'y mettre à l'école des prêtres alsaciens, qui firent de lui l'apôtre catholique qu'il demeura jusqu'à sa mort pour l'édification de l'Allemagne : en sorte que ce Rhénan, qu'il nous maudît ou non, ne perdait jamais de vue le bénéfice qu'il pouvait trouver à puiser dans le riche trésor de nos expériences spirituelles. C'est là, je crois, une aventure d'une valeur symbolique. Aujourd'hui où les plus graves problèmes les étreignent dans leur vie de chaque jour, les Rhénans ont besoin de guides éclairés et bienveillants, et déjà plus d'un d'entre eux se tourne presque insensiblement vers l'Ouest.

*
* *

Des guides éclairés et bienveillants, capables de les aider à se donner l'organisation spirituelle et sociale où ils aspirent naturellement à vivre ! Avons-nous su dans la période présente apparaître tels aux Rhénans? A-t-il existé jusqu'à cette heure chez nous un esprit national vis-à-vis de la Rhénanie? Nous souvenons-nous suffisamment que la France sur le Rhin a été pendant de longues années un fait historique, et qu'à défaut de cette présence réelle il y a un phénomène d'influence qui devrait être associé à notre conscience nationale? Possédons-nous une pensée rhé-

nane collective, et l'attitude à avoir là-
bas n'a-t-elle pas semblé trop souvent
pure affaire de gouvernement, de fonctionnaires, de diplomates et de soldats?

Il nous faut une direction des esprits,
une pensée commune, un terrain d'entente. Cette direction, cette pensée nationale, il n'est pas outrecuidant de
croire qu'elle s'élabore, puisque de bons
artisans de la victoire, des serviteurs
excellents de la France politique ont
bien voulu, par leur présence ici, attes-
ter qu'ils partagent nos préoccupations
et qu'ils ne désapprouvent pas nos vues.
Et c'est aussi bien pour que la France
retrouve la pleine conscience de sa force
d'irradiation, que j'ai tenu à faire de
Strasbourg le point d'appui d'un mouvement que j'imagine assez général et
prolongé.

Cette direction, tous les faits que nous
venons de recueillir nous permettent de
la formuler comme suit : la France sur
le Rhin doit agir d'une telle manière
qu'elle incline les Rhénans à concevoir

un idéal spirituel, politique et social qui les détourne à tout jamais du germanisme de Berlin et qui les amène à rentrer en contact plus étroit avec la culture latine, avec notre esprit occidental.

Cette tâche après tout ne serait, sous une forme que le sort des traités rend différente, que la reprise de la mission rhénane que nous avons vu la France remplir si heureusement dans le passé. Entre un Victor Hugo débrouillant le fouillis de la légende rhénane et y discernant le culte des héros bienfaisants, entre un Lezay-Marnesia préconisant qu'on encourage la responsabilité des pouvoirs locaux, entre un Jecker associant autour de lui des artisans et des ouvriers de la Roor, entre des sœurs de Saint-Charles réchauffant la bonne volonté charitable des dames de Trèves, entre un évêque Colmar groupant les jeunes Rhénans dans son séminaire de Mayence, la différence est bien moins grande qu'on ne pourrait croire. Ce sont tous là des représentants d'une culture qui n'est ni mécanisée, ni automatique, d'un sens direct des valeurs humaines, d'un culte discret de l'autonomie individuelle : tout l'opposé de ce que le prussianisme incarne dans la raideur de ses fonctionnaires, pour ne rien dire de la brutalité de ses soldats. Et c'est dans une opposition entre le germanisme prussien, avec son idéal agressif, et les meilleures qualités de notre race que nous sentons bien que le drame se joue dans tout ces pays qui descendent vers le Rhin.

Messieurs, à ce point de notre cours et quand il va s'achever, me permettrez-vous de synthétiser par une image saisissante et simple l'esprit même de nos analyses? Le germanisme prussien et son idéal agressif ont prétendu se symboliser après 1871 dans la fameuse statue de la Germania du Niederwald, qui se dresse toujours sur le Rhin, à l'entrée des défilés de Bingen. Elle y fut érigée comme un signe de domination, et maintenant elle y demeure

comme un ornement de notre victoire.
Nulle clause du traité de Versailles n'a
prescrit de l'abolir, et nous avons raison de la respecter, car il ne s'agit pas
ici d'anéantir par la force une idée, et
pour refouler du sol rhénan la pensée
prussienne nous ne voulons que mieux
penser que les Prussiens ; mais il est
impossible que le voyageur qui passe à
ses pieds, le long du fleuve et dans la
Rheingau, ne soit pas impressionné par
cette figure colossale des ambitions de
Berlin, et qu'il n'en fasse pas l'objet de
sa méditation. Pesante, massive, cas-
quée, brandissant le glaive, entourée
des attributs de proie de l'Empire, elle
est bien la Germanie à l'épée aiguisée
qui devait imposer au monde une paix
de terreur et une guerre d'anéantisse-
ment. Son histoire de même est liée
symboliquement à la courbe des cinquante années de l'hégémonie prussienne, puisqu'un attentat socialiste ne
put la faire disparaître et rendit simplement manifeste le peu de puissance

des masses dans l'empire bismarckien.
A voir cette image d'une certaine Allemagne qui reste campée sur la rive
droite du fleuve, le passant se prend à
souhaiter quelque autre figure qui incarne une autre conception d'un peuple
opposé.

Quelle figure et quel symbole? Sous
quels traits, après tant d'analyses, pour-
rions-nous personnifier ce que nous
avons compris que la France veut et
peut?

Pour incarner l'action de la France,
nous savons que la *Marseillaise* est le
symbole par excellence, et ce n'est pas
à Strasbourg que je l'oublierais. Mais
en face de la Germania robuste, pesante,
stable du Niederwald, c'est peut-être
une image moins agitée de la France
qu'il faudrait ériger pour rappeler aux
Rhénans notre signification. Et cette
image que j'entrevois ne prendrait-elle
pas, par la force même des choses, le
meilleur des traits de Jeanne d'Arc?

Jeanne d'Arc, que le Parlement à

l'unanimité vient de proclamer patronne de la France, en décidant que sa pure mémoire serait célébrée chaque année dans une journée complémentaire de celle qui commémore la prise de la Bastille, Jeanne d'Arc appartient à nos Marches de l'Est par sa naissance et son génie. Tandis que les Prussiens ont dressé la Germania comme un signe de leur volonté de colonisation avide et brutale, elle se propose comme un signe de l'apostolat français et de la force rayonnante qu'il y eut toujours dans notre nation. Tout en elle doit plaire aux meilleurs des Rhénans, tels que nous venons de les reconnaître, développant au contact de la France du dix-neuvième siècle leurs facultés imaginatives, leurs émotions charitables et leurs aptitudes au travail.

Nous avons vu leurs imaginations sensibles surtout aux belles légendes qui célèbrent des hauts faits de civilisation, aux bons esprits qui favorisent la liberté, la justice, le progrès et l'ordre.

Or, Jeanne d'Arc, tout environnée de prestige, ne fait de miracles que salutaires. Sa vaillance joyeuse n'admet pas que le secours surnaturel la dispense de l'œuvre quotidienne. Elle a pour proverbe favori : « Ayde-toi, le ciel t'aidera. » Tout son village croit aux fées, à la mandragore, au vieil arbre chenu et aux fontaines merveilleuses. Mais elle, pas ! Jeanne n'est pas de l'Arbre des fées, mais de Notre-Dame de Bermont. « Dans tout ce que j'ai fait, dit-elle hautement à ses juges, il n'y avait ni sorcellerie, ni mauvais artifice. » Rien que l'appel à l'Esprit Saint ! En tête de son armée, pour chant de guerre, elle faisait chanter l'hymne sublime du *Veni sancte Spiritus*.

L'écrivain palatin Auguste Becker rapporte que les paysans de la vallée palatine célèbrent Napoléon comme le héros qui a chassé les mauvais esprits. (1) Jeanne d'Arc, deux fois, comme héroïne et comme sainte, est de cette race libératrice. C'est bien ainsi que les Rhénans l'ont vue. Une légende du Rhin raconte que les vignes, tout autour de Reims, gâtées par les hommes d'armes et leurs chevaux, se relevèrent et fleurirent d'une autre pousse merveilleusement féconde après le passage de Jeanne d'Arc. Plaise à la Germanie de s'imposer aux âmes par l'évocation des puissances de ténèbres et de terreur ! La jeune fille venue de Lorraine dissipe les forces mauvaises, et dispose les imaginations à se laisser charmer par les grands actes de justice. Tous ses prestiges, tout le merveilleux de sa vie sont faiseurs de clarté. Elle est le mystère en pleine lumière.

Nous avons vu la piété rhénane qui demandait à notre action, tout au long du dix-neuvième siècle, une discipline et des devoirs, et qui admirait chez les filles de France la vocation de charité et l'application professionnelle à soigner les malades et à secourir les pauvres. Or, Jeanne enfant allait consoler les malades et visiter les pauvres de Domremy ; c'est un laboureur du village qui en dépose au procès : « Je le sais par expérience, dit-il, car étant enfant j'étais malade et Jeanne venait me relever le cœur. » Elle-même, croit-on, ses Voix l'appelaient « fille au grand cœur ». Elle fut suscitée par la grande pitié qu'il y avait au royaume de France, et toujours elle considéra sa mission comme une œuvre d'immense charité : « J'ai été envoyée, disait-elle, pour la consolation des pauvres et des malheureux » ; et encore : « Les pauvres gens venaient à moi volontiers, parce que je ne leur faisais pas de déplaisir, mais les supportais à mon pouvoir. »

Nous avons vu l'activité rhénane se développer en paix et librement sous la tutelle conseillère de l'administration française ; nous avons vu l'application professionnelle des Rhénans et leur goût du travail encouragés par nos préfets, et cette riche variété d'efforts s'épanouir dans une harmonie des professions et des classes. Or, Jeanne d'Arc à Domremy s'occupait des soins du ménage auprès de sa mère, excellait à coudre et à filer, allait à la charrue, sarclait, bêchait, moissonnait, aimait tous les travaux de la campagne. Cette guerrière ne fait la guerre que pour assurer la paix. Elle disait que sa bannière lui était quarante fois plus chère que son épée, et qu'elle la portait à la main en marchant à l'attaque, pour éviter de tuer personne. Après l'apothéose de Reims, toute la grâce qu'elle demande au roi qu'elle vient de faire couronner, c'est qu'il la laisse s'en retourner dans son village, auprès de sa mère et de ses parents, prendre sa part de l'œuvre de reconstruction. Déjà dans son armée, elle se plaisait à grouper autour d'elle les gens du commun ; ils se fiaient à elle et presque sans solde faisaient le gros de sa force ; elle les disciplinait et organisait leurs efforts, au point « qu'on admirait en elle la sagacité et la prévoyance d'un vieux capitaine ».

Cette harmonie qui existe entre Jeanne et les gens du Rhin, ces concordances de leurs sentiments, ces affinités de leurs aspirations, ce pouvoir qu'elle possède de les intéresser et de les hausser, d'enchanter leur imagination et de diriger leurs élans, l'ont-ils ressenti dès la première heure? Ont-ils reconnu tout de suite que ses vertus la désignaient pour être une sorte de patronne secrète de leur pays? C'est un fait qu'ils la vénèrent dès son apparition sur la scène de l'histoire, — un grand fait lumineux, qui donne appui et force aux innombrables petits faits qu'au cours de cette longue analyse nous avons coordonnés.

Dès l'aube de sa mission, Jeanne fut aimée avec ardeur des Rhénans. L'avènement de cette jeune fille, sous les pas de qui naissaient les merveilles, qui prêchait l'union sacrée et dissipait le cafard de la France, suscita dans l'univers entier, dès l'année bénie de 1429, le plus violent frisson d'enthousiasme; d'Édimbourg à Constantinople, de Lübeck à Venise (nous en avons les textes), on ne s'entretenait que de son miracle, et le pèlerin français Bertrand de La Brocquière en recueillait des nouvelles en Terre Sainte ; mais il n'y a pas d'endroit au monde où l'on crut en elle avec plus d'ardeur amicale que dans les pays rhénans.

Les Rhénans ont cru en Jeanne avant qu'elle eût donné son signe, avant son roi, avant la France. Et cette croyance a pris toutes les formes de la chronique rimée, du roman, du drame, des légendes et des images.

On promenait au long du fleuve sa vraie portraiture, œuvre d'un peintre d'Arras ; on y jouait un mystère dont elle était l'héroïne ; on y chantait une espèce de geste librement rimée (la dernière fleur de l'immense floraison du moyen âge, en sorte que Jeanne a sa place dans les mêmes rythmes que les quatre fils Aimon et que Roland), et cette chanson de geste, toute calquée sur l'Évangile, n'osant pas la faire naître dans la nuit sacrée de Noël, veut tout au moins qu'elle ait vu le jour à l'Épiphanie.

Le Rhin suivait les faits et les dires de la miraculeuse aventure avec une attention passionnée, et savait tant de détails qu'aujourd'hui encore on y retrouve des échos de Jeanne que n'ont conservés ni la Seine ni la Loire. A Cologne, c'est le théologien Henri de Gorkum qui, dès avant le sacre, en juin 1429, expose dans un traité qui nous est parvenu ce que la renommée publie de la Pucelle, et se range parmi ses partisans ; 'à Spire, c'est l'inconnu nommé « le clerc de Spire » qui, juste à la même date, dans son mémoire sur la *Sybilla francica*, proclame qu'il y a une prophétesse en France ; à Mayence, c'est Eberhard de Windecke, un voyageur de commerce devenu trésorier de l'empereur Sigismond, qui note en dialecte rhénan l'itinéraire de la triomphatrice depuis Chinon jusqu'à Reims, en y joignant de la manière la plus pittoresque les voix de la foule et les bruits populaires qui couraient ; et disons-le en passant, le meilleur texte que nous ayons de son récit, c'est la copie d'un Strasbourgeois, Jordan, qu'il faudrait bien que la bibliothèque d'Hambourg, où elle se trouve, nous donnât en compensation des dommages irréparables infligés à la bibliothèque de Strasbourg par l'incendie de 1870.

Tous ces Rhénans voudraient voir le triomphe de la France, le succès total de Jeanne d'Arc. De Metz, on écrivait qu'un grand nombre de chevaliers quittaient les pays allemands (il faut entendre mosellans et rhénans) pour combattre à la suite de la Pucelle. Cette partialité éclate de la manière la plus vraie dans les *Deo Gratias* et les « Dieu veuille y pourvoir » dont le Mayençais Eberhard de Windecke entrecoupe et parsème les beaux faits qu'il relate. Quand l'événement fléchit, leur foi refuse de s'incliner et passe outre. Ainsi, de l'échec de Paris, ils font un triomphe. Jeanne est prise et meurt : eh bien ! sur le Rhin on nie sa mort, et la fausse pucelle surgit aux environs de Metz, circule en Lorraine, en Luxembourg, sur le Rhin, partout fêtée royalement jusqu'à ce qu'elle se marie avec un jeune seigneur de la meilleure famille de Charmes-sur-Moselle. Les siècles passent sans que le Rhin oublie Jeanne. C'est un Souabe-Rhénan, Schiller (dont les Palatins montrent à Oggersheim la maison longtemps gardée par un vétéran de la Grande Armée), qui proteste contre les facéties détestables de Voltaire, et qui donne au théâtre *la Jeune fille d'Orléans*, dont quelques scènes respirent la plus belle poésie ; et pour un peu, en 1839, c'est un Rhénan, Guido Görres, qui, gagnant les Français de vitesse, allait publier intégralement les deux procès de condamnation et de réhabilitation. Déjà de Domremy, où il avait pieusement sollicité la mémoire de Jeanne, il était arrivé à la Bibliothèque nationale pour y prendre copie de ces saintes reliques, quand la « Société de l'histoire de France », justement émue de la sanglante leçon qu'allait recevoir notre longue négligence, chargea en hâte de cette tâche nationale le jeune Jules Quicherat.

Telle est la part belle et sincère de la Rhénanie, et l'histoire en main je peux dire que le premier feu du culte de Jeanne d'Arc ne s'alluma nulle part plus vite et plus vif qu'aux bords du Rhin et de la Moselle (1).

Puisse donc la Vierge lorraine être le signe reconnu par la Rhénanie, l'emblème des bonnes volontés franco-rhénanes, une figure de la lumière et de la paix françaises !

Et que ce soit là notre avant-dernier mot, car le dernier, je l'adresse, comme une interpellation directe, aux Alsaciens et aux Lorrains qui depuis cinq leçons associent leur pensée à mes recherches.

MESSIEURS,

Les Alsaciens et les Lorrains ont eu la plus grande part dans le beau travail français de jadis sur le Rhin. Avez-vous remarqué dans notre course errante à travers la Rhénanie, à travers ses légendes, ses institutions charitables et ses organisations sociales, l'action décisive qu'il faut leur attribuer dans les meilleurs résultats atteints par la France? Il est frappant que presque tous les fonctionnaires rhénans de la Révolution et de l'Empire sont des Alsaciens et des Lorrains, depuis le commissaire général du Directoire Francisque Rudler, de Guebviller, jusqu'au préfet Simon, l'ancien maire de Colmar, en passant par François de Ladoucette, fils d'un avocat de Nancy, Adrien Lezay-Marnesia, fils d'un capitaine au régiment royal de Metz, Bexon d'Ormescheville, ancien seigneur d'Ormescheville près de Bitche, Maximilien Kepler, l'enfant d'Andlau et le premier maire révolutionnaire de Strasbourg. Avez-vous remarqué le cercle des prêtres alsaciens de Mayence, qui se groupent autour de l'évêque Colmar, le Strasbourgeois, des abbés Raess et Liebermann, de l'évêque Jean Jacob Humann, frère du ministre de Louis XVIII, et aussi l'activité de l'évêque Berdolet, l'enfant de Rougemont (Haut-Rhin) dans le diocèse d'Aix-la-Chapelle? Et puis tous ces industriels alsaciens qui vinrent sur le Rhin, Laurent Jecker, ce petit paysan d'Ensisheim en Alsace, le protégé de Napoléon, qui créa une fabrique d'épingles à Aix-la-Chapelle, les deux frères Migeon qui quittèrent Belfort pour s'établir eux aussi dans Aix-la-Chapelle, et Jean Guillaume Rautenstrauch qui fut un des fameux maires de Trèves?

Je ne prétends pas conclure de ces réussites alsaciennes et lorraines à des analogies foncières. A défaut d'autres différences, un grand fait de volonté suffirait à départager l'histoire de nos provinces de l'Est des destinées rhénanes : la Révolution française a été acceptée et maintenue, même en face de la Sainte-Alliance, par les Alsaciens et les Lorrains, et l'on n'en saurait dire autant de la majorité rhénane. Mais il n'en reste pas moins que Napoléon ne choisissait pas par hasard chez nous ses préfets et ses évêques. Ce n'est pas par hasard qu'il associait à son œuvre rhénane cette multitude de nos compatriotes. Il les croyait les plus aptes à bien faire, parce qu'ils ont la discipline latine et en même temps connaissent la langue, les mœurs et les sentiments de la Rhénanie. Il se fiait à leur puissance de séduction et d'action, dans une région qu'ils comprennent mieux que des Français plus éloignés de la frontière. Il avait prévu ce que nous avons constaté, que les Alsaciens et les Lorrains apporteraient aux activités rhénanes une méthode et des noyaux de cristallisation.

Je m'adresse à leurs petits-fils, et je leur demande ici, d'homme à homme, directement, s'ils croient que cette tâche demeure belle et utile, s'ils veulent en réclamer pour eux-mêmes l'honneur, à la suite de leurs grands-pères. Leurs grands-pères ! C'est trop peu dire. Je leur propose une tâche par laquelle ils se placeront, dans l'effort séculaire des générations, aussi loin que remontent les annales des peuples. Durant cinq leçons, pour vivre avec l'heure présente, nous avons dû nous enfermer dans un horizon limité, mais à cette extrême minute de nos entretiens, avant de nous séparer, nous pouvons relever la tête au-dessus du sillon tracé et élargir dans l'histoire notre regard.

Cinq siècles d'époque romaine édifient sur le Rhin une civilisation si puissante que sur ses débris on va pouvoir bâtir jusqu'à nos jours ; les empires et les royaumes francs, en groupant les clercs dans les pfalzs et les écoles du Palais, maintiennent un cadre de civilisation romaine ; le Saint-Empire anime d'inspiration latine une matière germanique ; de proche en proche, les cathédrales venues de l'Ile-de-France surgissent le long du fleuve pour protéger sous leurs cintres et leurs ogives la prière rhénane, et Maria-Laach se souvient de Vézelay, Notre-Dame de Trèves, de Saint-Yved de Braisne, Cologne, d'Amiens, cependant que pour ciseler le très saint reliquaire des Rois Mages on recourt au maître orfèvre Nicolas de Verdun ; nos rois protègent la ligne rhénane, et vingt-cinq régiments rhénans servent avec honneur dans notre armée ; le prestige de Versailles règne dans les cours ecclésiastiques et princières du dix-huitième siècle, notre culture dans les petits cercles d'écrivains et de femmes de lettres, notre Révolution dan les clubs. Que nos doctrines varient, nous sommes toujours, au milieu des Rhénans, la nation missionnaire : c'est que chez eux et chez nous, quand les régimes succèdent aux régimes, les systèmes aux systèmes, le fond ne change pas ; il est plein de romanité ; et dans le grand mouvement du Centre catholique, qui reçut bien des inspirations et chercha plus d'un modèle dans notre catholicisme de France, il n'est pas paradoxal de discerner que quelque chose survit de l'impulsion donnée sur le Rhin par

les légions, les Césars et les apôtres de
la Gaule romaine. Prodigieuse tradition
de vingt siècles, dont le discours ferait
un des grands poèmes de l'humanité !
Cette immense perspective, toutes ces
vagues humaines, cette multitude de
faits qui vont d'un même puissant mouvement dans le même sens, renforcent
nos conclusions, dissipent les hésita-
tions et les inquiétudes, et nous prouvent
que nous sommes dans la voie historique. Joignons nos efforts à l'éternel
apostolat civilisateur de l'Occident sur le
Rhin. Chacun pourra choisir son heure.
La fatalité du contact et du voisinage
amènera bien des rapports à se nouer,
et leur fréquence éveillera en chacun
de nous une conscience chaque jour plus
claire de la nouvelle tâche sur le Rhin.
Ce ne sera pas seulement un concours
de faits, résultant de l'orientation des
vallées et du passage des lignes de chemins de fer, mais une volonté raisonnée
de servir la cause française.

Un jour viendra que l'Université de

Strasbourg voudra collaborer à ce travail séculaire de fertilisation. Et s'il est vrai que c'est déjà collaborer que de se trouver en parfait accord, conférencier passionné pour l'idée et auditoire assidu à la recevoir, dans la même salle, durant des heures, j'ai le sentiment, dont je souhaite qu'il soit partagé, d'avoir eu autour de moi des collaborateurs de la première heure : c'est mon auditoire, et je le remercie de m'avoir suivi jusqu'au bout avec une telle amitié, préparant ainsi les nouvelles floraisons franco-rhénanes que nous appelons comme un gage de paix.

Quand et comment s'épanouira ce printemps du Rhin? Ce que je sais, c'est qu'une fois encore, par leur action éclairée et efficace, l'Alsace et la Lorraine persuaderont au Génie du Rhin de sortir de la Walhalla qui ne parle ni à son cœur ni à son cerveau.

Strasbourg, novembre 1920.

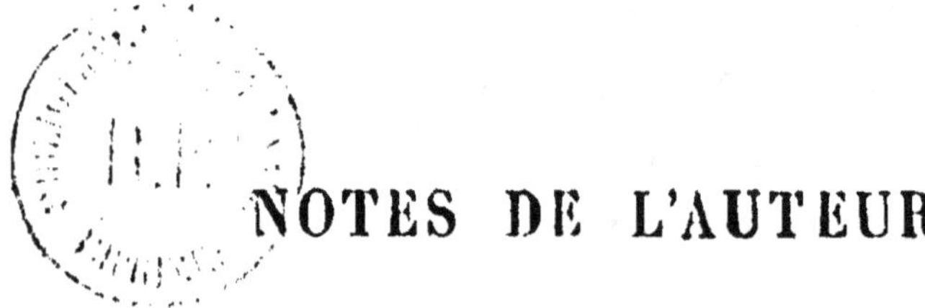

NOTES DE L'AUTEUR

Page v :

(1) Loin de nous la pensée d'abandonner au germanisme la haute tradition mystique. Contrairement à ce que beaucoup s'imaginent, celle-ci n'est nullement germanique, mais, à proprement parler, universelle. Les mystiques allemands ont tous puisé dans les écrits de Plotin, de l'Aréopagite et de ses commentateurs occidentaux, saint Thomas et les autres. Ce n'est pas à moi de traiter ces questions J'en ai causé avec M. F. Picavet. De ses savantes démonstrations, je crois pouvoir retenir que le mouvement mystique va de France en Alsace, d'Alsace en Hollande et en Belgique. Il y tournoie. Et quand tout ce mouvement se produit, il se développe en Allemagne et y est condensé dans la *Deutsche Theologie*. C'est vers le milieu du siècle dernier qu'on voit appeler allemand ce mysticisme qui appartient à tous les peuples français, suisses, belges et hollandais. Cette annexion dans le temps est injustifiable. De ces forces que le germanisme prétend ainsi revendiquer, les plus marquantes appartiennent à l'Alsace (Tauler), à la Belgique (Ruysbrook) et à la Hollande (Gerard de Brook). Ils ont écrit en dialecte alsacien, en néerlandais ou en flamand. Des Français sont précurseurs et continuateurs. Des Français ont traduit le pseudo-Denys. Albert le Grand enseigna

successivement à la place Maubert et à Cologne. Il
y a eu des relations ininterrompues avec la France
de ces mystiques que l'Allemagne veut accaparer.
Ce sont même des Français, Pierre Dailly et Gerson,
qui, au concile de Bâle, ont pris leur défense.

Au dernier mot, le centre c'est Strasbourg et toute
l'Alsace. Rôle de Tauler. Je crois que, pour la Hollande et la Belgique, c'est de l'Alsace qu'il faut faire
descendre le mouvement.

Page VII :
(2) Nombreux sont les épisodes religieux et littéraires qui serviraient à illustrer l'histoire spirituelle
la plus récente de Strasbourg et à nous faire prendre
sur le vif l'activité de cette région. Ainsi le petit
groupe fervent et mystique qui se réunit autour de
Mlle Humann et où l'on remarque le futur abbé
Bautain (d'abord laïque et incroyant, et que cette
pieuse personne convertit), le futur P. Ratisbonne
(alors israélite incroyant), le futur P. Gratry, le
futur cardinal de Bonnechose. Il y a sur ce très
curieux cénacle une littérature abondante.

Henri Bremont me signale le P. Hernschein,
un normalien, israélite converti, lui aussi. C'est un
des précurseurs les plus intéressants du mouvement
pascalien. Qu'un petit philosophe de cette époque-là
comprenne l'intérêt vivant et la force toujours agissante de Pascal, l'interprète beaucoup mieux que ne
fait Cousin, aussi bien que Vinet, c'est à retenir.
Hernschein fut un des premiers disciples de Lacor-
daire. Il mourut très jeune. Un sonnet de Louis
Veuillot nous le fait voir dans sa cellule. N'était-il pas
de Strasbourg, d'Alsace? C'est une figure à ranimer.

Enfin, du côté protestant, nul n'ignore l'importance
du mouvement de critique religieuse dont Strasbourg
fut l'un des centres et auquel participèrent les Edmond
Schérer, les Colani, etc.

Page XVIII :

(1) Mon ami Fernand Baldensperger aime à me faire remarquer que toutes les jeunes filles que Gœthe a aimées dans ces pays éternellement disputés ont été amenées à choisir, par elles-mêmes ou par leur descendance, notre civilisation, de préférence à celle que la Prusse prétend diriger. Pour ne rien dire de la famille de Frédérique Brion, représentée aujourd'hui par de nombreux Français, Charlotte (la Charlotte de *Werther*) est entrée dans la famille Kestner, aujourd'hui liée aux Scheurer-Kestner, et Élisabeth Schœnemann dans la famille de Turkheim.

Page 15 :

(1) De plusieurs points, on me propose des objections qui ne me persuadent pas, mais que je dois enregistrer : « Vous faites le procès d'Offenbach, me dit-on, mais Offenbach a illustré de sa musique les livres de Meilhac et d'Halévy, qui ne sont pas originaires de Cologne et qui sont les éditeurs responsables. Il me semble qu'Aurélien Scholl était Bordelais, Alexandre Weill Alsacien et Murger Savoyard... » En effet, Scholl venait de Bordeaux, mais sa famille du Rhin ; pour Weill, l'Alsace fut un lieu de passage ; René Samuel (dans la *Grande Encyclopédie*) indique Murger comme né à Paris d'un concierge allemand. Je me suis appuyé sur la tradition que j'ai recueillie dans le monde des lettres et qu'éclairent pour moi les Albert Wolf et les Jacques Saint-Cère que j'ai connus. Il existe un petit livre que je n'ai pu retrouver donnant la liste des hommes d'esprit rhénans, de la parenté spirituelle plus ou moins proche d'Henri Heine, subventionnés par notre gouvernement, et qui tout à la fois vantaient et gâtaient notre climat moral.

Page 17 :

(1) Dans un poème de son volume *Mezza Voce*,

Fernand Baldenne a donné l'expression juste de la
« rêverie rhénane » d'un enfant de 1871. Peut-être y
avait-il, dans le sentiment même que le Rhin n'était
plus vers 1890 accessible qu'au rêve français, le germe
d'un changement et une nouvelle orientation.

Page 18 :

(1) Parallèlement à cette esquisse de la pensée
française sur le Rhin, on voudrait avoir une histoire
de l'influence du Rhin sur les poètes et les penseurs
de l'Allemagne. Toute la confuse et débordante sentimentalité de la Germanie s'est enfiévrée au contact
de la belle nature du vieux fleuve. Le panthéisme
allemand est né sur ses bords, sous les ombrages de
Pempelfort, la propriété du poète Jacobi, aux environs de Dusseldorf, à la fin du dix-huitième siècle ;
le sentiment national prussien s'est exalté à l'Université de Bonn, à la vue de ces collines fertiles, de ces
vignobles, de toutes ces richesses extraites du sol
rhénan, de ce grand fleuve qui roule des paillettes
d'or. L'idéalisme et le réalisme prussiens ont bouil-
lonné sur le Rhin, y ont été portés à l'état d'ébulli-
tion. Cette effervescence trouble a pu gagner certains
milieux cultivés de la rive gauche et produire le pangermanisme rhénan, mal défini, dont les deux citadelles sont l'Université de Bonn et la *Gazette de
Cologne*. Dans ce dernier journal, organe des commerçants, des industriels et des banquiers venus de l'Elbe,
les accents enflammés du nationalisme prussien
résonnent comme les déclamations romantiques.
Aujourd'hui encore, une multitude d'articles nous font
voir l'imagination allemande qui vient s'enflammer
sur le Rhin. Tandis que j'écris cette note, je lis des
pages prodigieusement excitées, envoyées de Cologne
au *Berliner Tageblatt*, sur Coblence et les villes rhénanes, considérées comme « des foyers où se mêlent
la grande politique européenne, le romantisme du

Rhin, la petite bourgeoisie, la dictature du dollar et la débauche des armées ».

Page 23 :

(1) Il existe des pays qui, sans effort, allégrement, mêlent à leur vie de chaque jour les souvenirs de leur passé, et puis tout à côté, d'autres pays semblent n'avoir ni mémoire, ni curiosité du vieux temps. Sur la haute Moselle, dans les Vosges, voilà un demi-siècle que je vois ce qui subsiste de ruines s'émietter, et nos plus belles petites églises, nos croix de carrefour se meurent sans le secours d'aucune amitié. Quant aux légendes, néant. Nous n'inventons pas de légendes. Et pourtant, explique qui pourra, nous sommes le pays du culte des morts !... Ce plateau lorrain immobile, concentré, replié dans sa tristesse, le vent en arrache tout. Le Rhin, lui, passe comme un torrent. Mais si rapide, énorme, et courant, semble-t-il, aux plus puissantes destinées, il est plein dans ses flots jaunes d'entonnoirs, de tourbillons, de gouffres, où les choses stagnent auprès de la coupe du roi de Thulé.

Page 40 :

(1) Il serait beau de rendre intelligible la réaction contre l'impression de terreur que produisent ces puissances méchantes, c'est la recherche de la vérité pure, le besoin d'atteindre l'absolu. Sensations douloureuses, sentiment du mystère, et puis réaction brutale pour se libérer de la douleur et courir à la lumière.

Page 41 :

(1) *Le folklore du Rhin est local :* — Sur le fleuve, le brouillard dessine des formes, et quand elles se dissipent, on voit les sapins, les rochers ; de même sous les vieilles légendes, il y a des événements, des faits réels, où l'on peut distinguer la physionomie d'un peuple. Ces châteaux de brouillard sont le royaume des esprits, le monde des âmes. Ces formes vacillantes et mobiles

attirent les imaginations. Elles flottent sur le Rhin comme les vieux airs du *Carnaval de Venise* sur la lagune. Telles que nous les voyons s'élever du fleuve en confuses vapeurs, elles portent avec elles l'essence des jours heureux et malheureux.

Page 43 :

(1) Gœthe avait éprouvé avec force le pathétique de ce combat du ciel. Il aimait le Rhin souple, heureux, humain (et notez que la Moselle est encore plus humaine que le Rhin, où subsiste un saisissant primitivisme). Sur le tard de sa vie, il regardait le nuage qui vient de l'Est, le vent brutal plein de neige, avec quelque chose de l'émoi du vieux Charlemagne devant les premières barques normandes. Il redoutait que ne s'étendît rapidement un autre monde plein de la mémoire des choses infinies ; il prévoyait la grande fatalité qui vient de l'Est et qui ne laisse plus de place à la liberté. Un jour que la gentille Bettina, chargée de réchauffer son imagination de vieux prophète-roi (je songe encore à la vieillesse du roi David), lui avait décrit de belles promenades dans le joyeux et chaud pays du Rhin, il lui répond : « Ah ! je n'aime pas le ciel de Niefllheim sous lequel N... se complaît. » Niefllheim, pays de brouillard, monde primitif, froid, glacé, de la mythologie scandinave. Un beau texte, cette simple ligne (qui cache cet N. énigmatique?).

Page 58 :

(1) Le constructeur de l'aqueduc et l'architecte du dôme de Cologne luttaient à qui aurait achevé son œuvre le premier. Un beau matin, l'architecte du dôme s'aperçut que l'aqueduc se terminait au milieu même du dôme. De désespoir il se tua, en laissant son œuvre inachevée... C'est un récit assez excitant pour l'imagination, si l'on ajoute que, lors

de fouilles récentes, on a découvert des restes d'aqueduc romain sous la cathédrale de Cologne...

La cathédrale de Trèves contient dans ses assises une halle de marché romaine. Dans le burg du moyen âge, il y a la Pfalz mérovingienne et carolingienne ; dans cette Pfalz, il y a le castel romain. Quelle beauté, quelle tristesse dans ces superpositions, dans ces créations composites, dans ces collaborations du désastre et de la vivace espérance, dans ces éternels recommencements !

L'historien pangermaniste Lamprecht a tracé de la Rhénanie prussienne un tableau que je ne cessais pas d'avoir présent à l'esprit en étudiant ces contacts ardents de la France, de la Prusse et des Rhénans. Après avoir parlé des vestiges de l'histoire rhénane, ruines romaines, ruines de monastères et de châteaux forts, ruines de remparts dans les villes, anciens châteaux de style rococo des princes rhénans, il nous montre ces vieux palais rococos transformés en bâtiments d'administration, les collèges des jésuites en université prussienne, les vieilles églises en casernes, les burgs moyenâgeux en maisons de campagne, les tours de guetteurs en tours pour panoramas. Il célèbre la main ferme de l'État moderne appuyé sur une puissante armée qui crée l'ordre, la paix et le droit, et veille au bien-être matériel et à l'intérêt des sujets rhénans. *(Esquisse d'histoire rhénane.)*

Page 61 :

(1) Charlemagne n'existe pas dans la légende palatine, où domine toute une série de grands princes depuis Dagobert jusqu'à Frédéric de Hohenstaufen, mais il règne sur le Rhin. Faut-il en multiplier les témoignages? La succession au trône épsicopal de Cologne était gravement disputée. L'empereur Charlemagne appelé pour trancher le débat rencontra dans la forêt un modeste solitaire, le prêtre Hillebod ;

il fut frappé de sa sagesse et le fit nommer évêque de
Cologne. Autre récit : Charlemagne s'était grièvement
blessé au cours d'une chasse ; la blessure ne pouvant
cicatriser, on fit venir une jeune fille des environs de
Bonn, du nom de Lufthildis, renommée pour sa sainteté.
Elle guérit l'empereur et lui demanda en récompense
tout le terrain qu'elle pourrait entourer avec le fil de sa
quenouille. Le fil se déroula immense, et Lufthildis
fonda sur le terrain accordé le monastère de Lüftelberg.

Mais à mon goût, la plus belle de ces légendes de
Charlemagne, c'est sans conteste la légende de la
belle Fastrada. Pétrarque, qui fit un voyage sur le
Rhin, la mentionne déjà : dans la cathédrale de
Mayence une plaque de marbre qui porte une inscription avec la date de 794, serait le couvercle du sar-
cophage de cette Fastrada, troisième femme de
Charlemagne. Quand cette belle princesse mourut,
l'empereur ne pouvait se séparer de ce corps dont
il était follement infatué, et les jours passaient.
L'évêque Turpin s'aperçut alors que le charme de la
princesse venait essentiellement d'un anneau qu'elle
portait au doigt. Il dépouilla à la dérobée cette
main glacée de cet anneau, et le jeta dans un lac près
du château. On put alors transporter le corps de la
morte au monastère de Saint-Alban. Mais Charlemagne s'énamoura du lac. Quelle profonde histoire
d'un charme ! L'historien de Charlemagne, Eginhard,
reproche à Fastrada d'avoir été dure et hautaine et
d'avoir exercé sur son époux une influence funeste ;
sa cruauté était fameuse ; Charlemagne en s'y prêtant, contre sa propre nature, suscita plusieurs dangereuses conspirations. L'histoire de l'anneau et de
l'étang donne un superbe caractère magnétique à l'empire que cette femme exerçait sur le grand homme.
J'ai vu Léopold Baillard pareillement fasciné par la
colline de Sion-Vaudémont.

Un vestige du lac dont Charlemagne était amoureux subsiste dans la pièce d'eau qui entoure aujourd'hui le château de Franckenburg près d'Aix-la-Chapelle, aux lieux où le vieil empereur possédait un pavillon de chasse.

(2) Un groupe de légendes palatines se rapporte aux empereurs saliens, du onzième siècle (Konrad II, Henri III, Henri IV, Henri V) (légendes de l'abbaye de Limbourg près de Durkheim et de la cathédrale de Spire). — Un deuxième groupe : aux Hohenstaufen, du douzième siècle (Frédéric Barberousse, Henri VI, Frédéric II) (légendes de la Burg de Kaiserslautern et de la Burg Trifels près Annweiler). — Un troisième groupe : à Franz von Sickingen, du seizième siècle (légendes du château d'Ebernburg, où il naquit, au confluent de l'Alsenz et de la Nahe ; légendes du château de Sickingen près de Landstahl, où il mourut).

(3) Ruckert, un des artisans du soulèvement de 1813, raconte qu'à Aix-la-Chapelle l'empereur Napoléon n'osa pas s'asseoir sur le trône de Charlemagne dans la cathédrale, mais que l'impératrice Joséphine, entraînée par la vanité, y prit place. Les historiens d'Aix-la-Chapelle consultés par Alexandre Kaufman, auteur d'un livre sur les sources des légendes rapportées par Simrock, ont répondu qu'ils n'avaient jamais entendu rien de pareil. Bien au contraire, l'écrivain Horn, dans son livre sur les légendes du Rhin, en 1807, parle de la « noble impératrice Joséphine, le bon ange de Napoléon, qui protégea les sœurs du couvent de Nonnenwerth ». Un couvent célèbre dans les fastes de Roland, le neveu de Charlemagne, et c'est une occasion de noter comment la légende rhénane aime à trouver des liens entre Napoléon et Charlemagne.

Page 62 :

(1) « Napoléon prit dans les fictions palatines la

figure du grand Barberousse qui ne peut pas mourir
et qui reviendra un jour. » (Becker, p. 36.) On raconte
qu'à son passage à Kaiserslautern, il coucha au palais
impérial dans le lit de fer de Barberousse ; au matin,
il se réveilla si troublé et si défait que ses généraux
en furent effrayés. L'ombre du grand empereur lui
était apparue. (Cette légende n'a pas plus de réalité
que celle qui sur le Rhin veut qu'il ait délibéré à
s'asseoir sur le trône de Charlemagne : la Burg des
Hohenstaufen a été détruite en 1702 par les troupes
françaises.)

(2) C'est intéressant de voir comment la légende
introduit dans la vie familière du pays les personnages qu'elle retient. Le souvenir du maréchal Kel-
lermann, duc de Valmy, reste attaché à la belle
colline de Johannisberg et à son château, dont lui fit
don Napoléon ; le maréchal ne put retenir un cri d'ad-
miration à la vue de l'admirable colline, célèbre par
ses vignobles, qui domine la fertile plaine du Rheingau.

Page 63 :

(1) Napoléon, entraîné par son ardeur guerrière,
était entouré par l'ennemi. Le caporal Spohn, de
Coblence, remplaçant au 36⁰ régiment d'infanterie,
lui donna son cheval et son képi de caporal pour
qu'il pût s'échapper. A partir de ce jour, Spohn fut
appelé le grand caporal, et Napoléon le petit caporal.
Ainsi le veut une ballade de Simrock. Il est certain
que Spohn, menuisier de Coblence, mourut dans cette
ville en 1866, titulaire d'une pension accordée par
l'empereur, en souvenir de blessures reçues ´à la
bataille d'Austerlitz.

(2) Trois frères Hermann naquirent à Sarrelouis
et furent de ces deux cent vingt officiers sarrelou-
siens qui, de 1790 à 1815, servirent dans les armées
françaises, presque tous décorés d'armes ou de croix
d'honneur. Antoine Hermann était surnommé

Schwartz, le Noir ; Nicolas Hermann était surnommé *Roth*, le Rouge ; Jean Hermann était surnommé *Weiss*, le Blanc. Hermann, dit le Blanc, s'engagea comme trompette, fut décoré et tué sur le champ de bataille ; Hermann, dit le Rouge, sergent, décoré du fusil d'honneur, prit sa retraite à Metz ; Hermann, dit le Noir, partit dans le 10e régiment léger. C'est lui que l'on voit, sur toutes les gravures, de faction aux avant-postes, et empêchant l'Empereur de passer. L'Empereur, appréciant cet acte d'énergie, fit faire au fidèle Sarrelouisien quelques études et le nomma officier ; il fut tué à la bataille de la Moskova.

J'ai entendu dire que dans un village de l'Yonne on montrait un café « au Petit-Caporal », avec l'enseigne d'après Raffet, et que l'on disait que c'était la maison du héros de : « On ne passe pas ». Personne ne conteste aux Bourguignons leur rôle dans la Grande Armée, et le chef-d'œuvre de Rude repose justement au milieu de leurs vignobles, mais il ne faut pas enlever à Sarrelouis et à Hermann le Noir ce qui est leur bien et un grand vestige français.

(3) Les vétérans cherchaient dans la Bible aux soirs d'hiver la prophétie des trois « douleurs » (?). Ils chantaient à l'auberge, les chansons : « A. Austerlitz, quel coup de tonnerre ! » ou « Lorsque nous sommes revenus de Russie ! » ou encore « Napoléon le grand empereur s'écria : Nous sommes perdus ! Mes meilleurs grenadiers ont péri dans les neiges. » Napoléon se lève la nuit de son tombeau et passe en revue ses troupes.

(4) Dans de nombreux cimetières du Palatinat, les sociétés de vétérans ont fait édifier des monuments à leurs morts, à Frankenthal, à Grünstadt, à Kaiserslautern. Il y a dans toute la Rhénanie une tradition de belles cérémonies sur les tombes de ces braves.

Faites attention au rôle civilisateur de ces vétérans. Eux aussi, des « sages de la Grande Armée » :

Le joli petit village de Lambsheim, près de Frankenthal, est la patrie de *Karl Geib*, qui y termina ses jours au milieu de la belle nature qu'il aimait tant. Après avoir servi comme capitaine sous Napoléon, Geib vécut à Lambsheim au milieu de la considération générale, dans une heureuse indépendance et dans le calme de la campagne. Le poète — car Geib était poète — rédigea une petite revue littéraire pour le Palatinat, intitulée *Palatina*. La revue ne parut que peu de temps. « Il aurait été souhaitable pour le développement intellectuel du Palatinat, dit Auguste Becker, que l'entreprise réussît. »

Le banquier Mevissen fréquenta dans sa jeunesse (vers 1825) la petite école qu'avait ouverte dans sa ville natale Dülkur (vallée du Bas-Rhin) un Rhénan vétéran des guerres napoléoniennes nommé Conrad, et qu'on appelait dans le pays l'École Française.

(5) A côté des légendes sur de grands personnages historiques ou religieux, il existe une multitude de petites légendes historiques constituant en quelque sorte le fond du tableau : bons et mauvais chevaliers, fameux pour leur bravoure comme Sickingen, châtelaine héroïque comme Elseleine de Caub, hommes du peuple renommés pour leur bravoure comme les deux mitrons d'Andernach et le forgeron d'Aix-la-Chapelle, chevaliers pillards, légendes d'enlèvement, légendes de crimes punis ou impunis, légendes d'amours malheureuses, légendes du vin.

Page 64 :

(1) Comme c'est frappant ce travail continuel de l'imagination sur le Rhin ! A travers toutes les vicissitudes de l'histoire, c'est une éclosion ininterrompue, et non pas l'affaire des savants, mais l'effet d'une faculté populaire, toujours vivante. Il semble que

les Rhénans possèdent un don exceptionnel de percevoir dans les objets, dans les personnes, dans la vie même, des résonnances mystérieuses. Qu'y a-t-il donc dans ce fleuve qui se prête aux dispositions crédules de l'esprit et en somme au génie mythique? Par une limpide journée de septembre 1772, le jeune Gœthe qui va de Wetzlar à Coblence, sous une influence soudaine inexplicable, jette son couteau dans le fleuve en décidant que s'il le voit plonger au milieu des branches, ce sera un signe du destin l'encourageant à se consacrer à la peinture. Goût des présages, retour aux instincts de la vie primitive. Ce sont bien des régions de rafraîchissement. « Qui peut savoir, s'écrie l'écrivain Schandein, dans son livre sur les légendes palatines, 1867, si notre merveilleuse époque de progrès industriel n'apparaîtra pas à nos descendants comme une époque légendaire! » La visite des fonderies, des verreries, des mines palatines, enchante l'imagination du poète palatin Auguste Becker. Traversant le tunnel de Hochspeyer, long de 1 360 mètres, en 1857, il s'écrie : « On se croit transporté dans un pays de rêve, en voyant cette œuvre merveilleuse de l'industrie, cette puissante magicienne, qui domine les esprits de la nature! » Et quand il arrive dans la vallée appelée Karlstat, près de Treppsladt : « On se croit arrivé dans le pays des elfes. Quelques maisons, une ruine sauvage se reflétant dans l'étang. Le Schlossberg ferme la vallée, tandis qu'à ses pieds une épaisse fumée monte des hautes cheminées de la fonderie. Toute la vallée retentit du bruit des marteaux. »

Page 65 :

(1) Jeanbon parle du passé en homme fort renseigné dans son discours du 16 germinal an XII, à la première séance publique de la Société des Sciences et Arts de Mayence, et dans son discours

du 7 frimaire an XII, prononcé à l'occasion de l'ouverture du lycée. (Note communiquée par M. Lévy-Schneider.)

(2) Même avant Gaston Pâris, la France a exercé sur Charlemagne une revendication morale et de sens politique aussi. Les rois de France exercèrent des reprises et des répétitions dans le bassin du Rhin au titre d'héritiers de Charlemagne. Il y eut en France une tradition, une religion carolingienne. M. Auerbach, dans ses belles études sur *la France et le Saint-Empire romain germanique*, observe avec un grand sens : « Cette religion (carolingienne), qui eut sa légende poétique et romanesque, se traduisit aussi par des théories politiques où s'amalgament les survivances impérialistes, à la fois romaines et carolingiennes. L'on se plut à identifier *Gallia* et *Francia*, c'est-à-dire le complexe territorial que bornaient les Alpes et le Rhin. » Ainsi s'explique l'état d'esprit des administrateurs napoléoniens devant le folklore rhénan.

Page 75 :

(1) Voici la légende primitive (d'un caractère que l'on pourrait dire dorien) : les deux frères ennemis habitent deux châteaux voisins, près de Boppard, sur le Rhin. Après s'être querellés et avoir dissipé chacun leur fortune, ils se réconcilient et vont ensemble chasser. Le premier levé réveille l'autre en lançant une flèche contre le volet de sa fenêtre. Il arriva qu'un jour l'un des frères ouvrit le volet au moment où l'autre tirait et fut tué. Le meurtrier partit à la croisade.

Page 77 :

(1) Que sait de la littérature allemande un Victor Hugo? Rien que Mme de Staël, *Faust*, les tragédies de Schiller, les contes d'Hoffmann. Les romantiques

ont admiré confusément toute l'Allemagne, en bloc. Ils ignorent que la mélancolie rhénane n'est pas celle de Tieck ou de Kleist, mais simple, vraie, humaine, nullement l'expérience d'un philosophe, d'un métaphysicien ; ils ignorent que la fantaisie rhénane n'est pas celle d'Hoffmann, n'est pas le produit d'un cerveau maladif et déséquilibré, mais la fleur des âmes populaires angoissées. Nos romantiques n'ont pas vu les diversités allemandes. Hugo se croit l'interprète du génie germanique intégral, à la minute où il exprime merveilleusement certains aspects du génie rhénan. Ses chevaliers (tel l'Alsacien *Eviradnus*), ses bons burgraves sont des Rhénans qui ont la tradition de Roland...

Page 81 :

(1) Son interprétation la plus saisissante du Rhin, Hugo la fournit peut-être dans la préface des *Burgraves*. Pages magnifiquement rédigées, où l'on voit se former au cours du voyage sa pensée dramatique. J'admets sa comparaison des tragiques grecs et des légendes rhénanes. Ah ! certes, sur le Rhin la beauté est inférieure, et la légende des Atrides, la légende d'Œdipe n'y ont pas leur analogue, mais ici et là, c'est même sorte de préoccupation politique et morale. Je suppose qu'on ne me demande pas d'insister sur les infériorités du Rhin. Les tragiques grecs ont tiré de leurs vieilles légendes une philosophie, une conception de la vie et du monde, toute une loi de la vie journalière. Les savants rhénans, les poètes rhénans se sont-ils préoccupés de dépasser les anecdotes qu'ils recueillent et de faire fleurir les germes qu'elles contiennent, toute la somme d'expérience qu'y a déposée le peuple? Ont-ils dégagé ce qu'elles contiennent de conseils, de règles pour la vie présente et pour l'avenir? Les matériaux rhénans demeurent inemployés. Wagner avec son génie a prodigieusement rendu la gran-

deur primitive du fleuve, non la sociabilité de ce peuple.

Page 85 :

(1) Je crois qu'un tel recueil, créé dans un tel moment, aucun intellectuel rhénan ne pourra l'étudier sans émotion.

Page 89 :

(1) Disons-le en passant, ce catholicisme rhénan diffère des catholicismes silésien, westphalien ou bavarois. En Westphalie, un catholicisme de grands seigneurs préoccupés de loyalisme monarchique et de discipline sociale. En Bavière, un catholicisme de théologiens et de professeurs d'université, dont l'action s'est moins exercée sur les paysans du royaume que sur la pensée catholique allemande et universelle. Le catholicisme rhénan, qui dans son essence est mosellan, ayant pour centres Trèves et Coblence, est porté, lui, par l'ardent dévouement des masses populaires (sur ces différences, cf. GOYAU, *l'Allemagne religieuse*, t. II, p. 110-111, 206-207, 293-294 ; t. III, p. 241).

Page 95 :

(1) Les archevêques électeurs, les princes philosophes, préoccupés de bouleverser dans leurs diocèses les traditions religieuses et les usages liturgiques, s'enfuirent à l'approche des troupes révolutionnaires ; parmi eux, le plus en vue, l'électeur de Mayence, le fameux archevêque Erthal. « La foi traditionnelle demeurée vivace dans les campagnes prit très allégrement son parti de la catastrophe devant laquelle Erthal s'enfuyait. « Sept ans durant, disaient les « paysans du diocèse, nous avons dû chanter la messe « en allemand ; mais à présent que nous sommes libres, « nous voulons la chanter en latin. » Telle fut, sur les lèvres des simples, l'oraison funèbre de l'électorat

ecclésiastique de Mayence. L'arrivée des troupes de Custine, c'était le retour de la messe du pape! Le propos est curieux dans les bouches de ruraux. » Ainsi raconte Goyau (*l'Allemagne religieuse*, t. I, p. 79), et certes le propos est notable. Il nous fait toucher les assises romaines qu'il y a dans la conscience populaire rhénane.

(2) On peut me dire : Vous constatez les services rendus au catholicisme par la France sur le Rhin, constatez aussi ce qu'y a détruit sa révolution. Cette recherche des causes et leur discussion nous mèneraient loin. Pourtant, je veux sauver d'entre mes notes ce qu'un bourgeois de Trèves a écrit en 1840 de la vie religieuse avant la Révolution. Un petit tableau significatif, des choses très simples sur les couvents, sur le clergé des cathédrales, sur le bas clergé, sur les querelles théologiques.

« Les villes du Rhin étaient remplies d'une quantité considérable de couvents (200 à Cologne pour une ville de 24 000 habitants), leur richesse était telle qu'ils n'arrivaient pas à employer leurs revenus. Une telle abondance avait pour conséquence de relâcher la discipline. Les supérieurs des couvents tenaient table ouverte et chaque hôte de marque était le bienvenu. — La conduite du *clergé des cathédrales* n'était pas non plus sans reproche. Ces fils de familles nobles seuls pouvaient devenir chanoines, et comme les revenus d'une place de chanoine souvent ne leur suffisaient pas, ils se procuraient d'autres prébendes dans les églises épiscopales. Ils passaient leur temps en voyages, dans leur famille ou sur leurs terres, sans se soucier des obligations de leur profession. — Pour juger de la conduite du *bas clergé*, il suffit de lire certaines ordonnances ecclésiastiques de l'époque; il y est interdit aux prêtres de tenir auberge, de fréquenter les cafés avec les fidèles de leur paroisse, de jouer aux cartes ou aux quilles, de faire du commerce, d'aller à la chasse, de prendre à leur service de jeunes servantes. — Qu'on ajoute à cela que le clergé était alors partagé en deux camps hostiles, dont l'un était attaché aux anciennes pratiques, l'autre voulant réaliser les réformes réclamées par *Febronius* et le congrès d'Ems. » (« Trèves et les Trévisois », par un anonyme, études parues en 1840 dans *le Philanthrope de Trèves*.)

Page 98 :

(1) Lezay-Marnesia, un Lorrain. Là-dessus on me contredit. « Les Marnesia sont de Saint-Julien, petite commune du Jura, où s'élève encore leur château, où sont leurs tombes. Ils tirent leur nom du hameau de Lezay, près de Saint-Claude, et Louis XV a érigé en marquisat leur terre de Marnesia (Jura). »

Pourtant j'ai toujours entendu en Lorraine parler des Marnesia comme de Lorrains. Je suis allé en causer avec mon amie Gyp qui possède admirablement la tradition de Nancy jusqu'en 1879. Voici à peu près, sauf l'agrément inimitable du ton, ce que Gyp m'a raconté :

« Votre contradicteur et vous, vous avez tous les deux raison, si vous admettez qu'on devient peu à peu, en s'y fixant, en s'y mariant, du pays d'une grand'-mère. Je me considère comme Bretonne, parce que Tonneau (Mirabeau, le cadet), après avoir bâti le Polongis, s'en est dégoûté et est allé habiter Coëtsal qui appartenait à sa femme, une Bretonne, une Robien. Son fils a épousé aussi une Bretonne ; son petit-fils une autre, et on aurait fort étonné mon père, si après ces trois générations bretonnes, on lui avait dit qu'il était Provençal. Tenez, cette peinture qui s'écaille dans l'escalier, cette grosse dame qui a une jolie main (et Gyp me la montrait), c'est la marquise de Marnesia, que j'entendais plus généralement dans mon enfance appeler Charlotte de Bressey. Son père, M. de Bressey, était un homme important de la cour du dernier duc de Lorraine. Elle avait été l'amie d'une de mes grand'mères, à qui elle avait légué ce portrait. Une Charlotte de Bressey, marquise de Marnesia, avait écrit un livre très drôle, paraît-il, qui mettait en scène les gens de l'époque et qui avait fait un potin énorme. On l'avait attribué à Marmontel. Il s'était laissé accuser et, quand on sut la vérité, ce fut encore un autre *tolle* contre elle. Elle continua pourtant d'habiter Nancy où son salon avait laissé une réputation délicieuse. Je suppose qu'elle devait habiter, place Saint-Georges, l'hôtel où j'ai connu son arrière-petit-fils et qu'on appelait « l'hôtel Marnesia », mais qui devait être en réalité « l'hôtel Bressey ». Vous voyez le départ lorrain, car je ne suppose pas que M. de Bressey, écuyer ou chambellan de Léopold, ne fût pas Lorrain.

« Ces Marnesia avaient des fils. L'un d'eux épousa une Nettancourt, famille profondément lorraine. C'est par là probablement que Lenoncourt est venu aux Marnesia que j'y ai connus. Ce Marnesia, d'ailleurs né à Metz, et cette Nettancourt eurent pour fils le préfet rhénan qui nous occupe. On aurait bien étonné les gens de Nancy, si on leur avait dit que les Marnesia n'étaient pas Lorrains. Ils l'étaient plus que bien des familles portant un nom du terroir, puisque depuis la grand'mère Bressey toutes les mères et tantes ont été Lorraines. Je me rappelle que le fils de celle qui était née Bressey avait épousé une femme du pays de Lunéville... »

Voilà un ensemble d'indications qui confirment bien ce qui seul m'importe, à savoir que le préfet de la Rhénanie avait été soumis de naissance aux influences lorraines, qu'il était un homme de l'Est et par là,

ce me semble, plus apte à comprendre et à aimer
les problèmes du Rhin.

Page 102 :

(1) *Napoléon réorganise les congrégations charitables.* « Un décret du ministre Chaptal du 30 septembre 1807 convoqua à Paris une réunion de trente
supérieurs de congrégations au palais de Madame Mère
et sous sa présidence. Un décret du 8 février 1808
accorda des subventions aux congrégations charitables (150 000 francs). Toute une série de décrets
suivirent, datés de divers champs de bataille lointains, établissant les règles des différentes congrégations. *Qui pouvait oser rappeler les filles de l'Église,
sans offenser gravement les philosophes tout-puissants?*
Ce fut Napoléon. Lui seul pouvait ne pas rendre de
comptes, prendre sa volonté pour seul juge. » (Clément Brentano.)

Cette phrase que je souligne, ce grand effort de
la réconciliation du cœur et de la raison par les soins
du génie, c'est de la plus sublime poésie.

Un noble homme, vraiment, ce Clément Brentano,
l'aïeul de mon ami de jeunesse, Stanislas de Guaïta,
et le grand-oncle de l'historien célèbre, Funck Brentano, qui me dit qu'il croit que Clément Brentano a
laissé sa fortune aux sœurs de Saint-Charles de Nancy.
C'est à vérifier. Il me semble que ces dames n'en ont
pas mémoire. Et quel souvenir a-t-on gardé à Nancy
de la visite qu'il leur fit avec tant d'enthousiasme?

Page 119 :

(1) *L'imagination déréglée des converties prussiennes.* — Dans tout ce mouvement religieux et
charitable, les Prussiens ne jouent aucun rôle. On
n'y voit que des Français et des Rhénans. Cependant
deux grandes converties prussiennes sont venues sur
le Rhin, où leur rôle fut exagéré à plaisir par les

historiens prussiens. Ce sont Louise Hensel et la comtesse Ida Hahn-Hahn.

Nature compliquée, agitée, tourmentée, inquiète, Louise Hensel cultiva toute sa vie l'idée d'entrer dans les ordres, mais ne s'y résolut jamais. Son frère était peintre et poète, sa jeune sœur, poétesse. Elle composa elle-même des vers lyriques d'une piété ardente. Clément Brentano, dans ses lettres, la tutoie. Nous venons de la voir vivre aux bords du Rhin : à Coblence, un an ; à Aix-la-Chapelle, cinq ans ; à Cologne, dix ans ; elle ne s'y plaisait pas. Elle se plaint constamment des difficultés que lui cause la différence profonde des caractères rhénans et prussiens. Elle préféra toujours l'atmosphère plus sentimentale et plus mystique du catholicisme westphalien. Elle mourut en 1876 au couvent de Paderborn en Westphalie.

La comtesse de Hahn-Hahn, une Mecklembourgeoise, née en 1805, d'un père excentrique qui s'amusait à promener une troupe de comédiens, se maria, se sépara après trois ans, voyagea à travers le monde et publia des romans aristocratiques et féministes. La révolution de 1848 et les prédications du baron Guillaume de Ketteler, plus tard évêque de Mayence, l'entraînèrent dans le catholicisme. Elle expliqua sa conversion dans un écrit intitulé *De Babylone à Jérusalem*, et entra en 1852 dans la maison mère de l'ordre du Bon-Pasteur à Angers. Deux ans plus tard elle se fit construire, à ses frais, un couvent à Mayence et y vécut jusqu'à sa mort en 1880 sans cesser de s'agiter et de publier des romans qui sont toujours des récits de conversion.

Nous serions amenés à des réflexions du même ordre que celles que nous suggèrent Louise Hensel et la comtesse de Hahn-Hahn, si nous voulions parler d'une troisième convertie, Amélie de Lasaulx, en religion sœur Angèle. (Voir sa vie, traduite de l'allemand, par Charles Secrétan, Lausanne, 1880.)

Page 139 :
(1) Et pourtant les regards en secret demeuraient tournés vers la France. Quand la congrégation rhénane des sœurs du Pauvre Enfant Jésus, au moment du Kulturkampf, est expulsée de la Prusse rhénane, c'est à Nancy qu'elle vient passer les jours mauvais (auprès du curé Trouillet, dans le domaine du petit Arbois).

Page 143 :
(1) Mgr Ruch, l'évêque de Strasbourg, l'ancien aumônier du 20ᵉ corps.

Page 150 :
(1) C'est superbe de voir ces hommes prendre de si grands intérêts et de si grandes responsabilités, en vue de poursuivre l'amélioration de la vie sur le Rhin, et c'est d'immense importance nationale de mettre en pleine lumière leurs figures. Mais déblayons d'abord Herculanum et Pompéi, avant que d'en décrire les architectes. Babelon, Louis Madelin, Sagnac, Julien Rovère, René Johannet, Lévy-Schneider, Charles Schmidt nous ont tous parlé de ces grands administrateurs philosophes, qui surent lire des territoires après avoir médité les livres. Pour connaître leur œuvre, il faudra un dépouillement complet des archives de Paris et du Rhin. Ce dépouillement sera facilité incessamment par le recueil que le savant M. Charles Schmidt prépare, d'accord avec l'administration des territoires rhénans, et qui donnera les sources de l'histoire de l'administration française de 1792 à 1814 sur la rive gauche du Rhin.

Déjà M. Charles Schmidt nous a donné un grand texte : « Gagner les cœurs, voilà ce qui, au jugement de Lezay-Marnesia, est d'abord nécessaire sur le Rhin, et à tous instants il revient sur cette idée : gagner les cœurs, c'est indispensable à la frontière qui, dit-il, ne sera jamais suffisamment gardée avec des citadelles et des soldats. » Si au lieu d'écrire un chapitre d'histoire, préface de notre politique d'occupation, j'avais à collaborer à l'établissement d'une ligne de conduite pour nos administrateurs sur le Rhin, c'est dans les lettres et rapports de nos grands préfets rhénans du début du siècle que j'irais chercher les premiers éléments à méditer d'une doctrine, d'une méthode et de principes à longue portée.

Page 188 :

(1) Peut-être devrais-je insister d'une manière plus abondante sur ces « féodaux de la vie économique », sur ces « magnats du fer et du charbon », que nous voyons repartir à la conquête du monde avec une âpreté et une ambition redoublées, tout entiers emportés par les passions de la concurrence économique et par la soif du gain, nullement soucieux de l'ordre et de la paix des populations allemandes. Demain, ils sillonneront de nouveau les mers avec d'immenses paquebots aux flancs gonflés de minerai de fer qu'ils importent et de charbon qu'ils exportent. Qui des Rhénans s'opposera à leurs ambitions égoïstes et mauvaises? La tradition libérale des industriels rhénans est morte avant 1870. Les syndicats ouvriers chrétiens, durement dirigés par un Franconien autoritaire, Stegennald, ne sont préoccupés que de conclure des compromis avec les magnats, sans s'attacher à la défense d'un idéal social d'harmonie et d'équilibre. Il ne reste sur le Rhin que le petit groupe de gens clairvoyants dont je signale les plaintes au dernier paragraphe de cette leçon.

C'est à eux que je m'adresse d'abord, pour leur rappeler qu'il y a des efforts de culture durables et profonds qui ont été accomplis sur leur rive gauche par de vrais Français, des Français d'énergie, de caractère et de haute vitalité, nos ingénieurs d'il y a cent ans, nos écrivains, nos préfets, nos sœurs de charité, efforts tels que le pays a été rénové, au dire des écrivains rhénans d'aujourd'hui. C'est à eux encore que je demande d'observer que toute cette immense activité industrielle qui couvre leur pays, faite de tant de détresses morales, source de tant de luttes âpres et de guerres, ne représente pas de la culture et ne reçoit toute sa valeur durable que des disciplines et des directions qui lui sont proposées.

Page 189 :
(1) M. Tirard, haut commissaire de la République française dans les provinces du Rhin.

Page 215 :
(1) *Napoléon a chassé les mauvais esprits.* La capricante et d'ailleurs aimable Bettina Brentano raconte à Gœthe qu'elle a causé sur le mont Saint-Roch, au-dessus du Rhin, avec un berger de Bingen. Ce berger s'est trouvé, au clair de lune, dans les ruines du château d'Ingelheim, en face d'un guerrier accompagné d'un lion. Comment concilier cette apparition avec le nettoyage accompli par Napoléon? Pour nous, c'est clair. Ce berger ne croit plus aux esprits de la montagne, en ce sens qu'il n'en a plus de crainte, mais il lui reste le goût et le sentiment du mystérieux. Il ne croit plus aux divinités germaniques de la terre, du feu, de l'eau, de la forêt, mais il croit aux esprits des légendes historiques rhénanes, surtout aux bons esprits comme Charlemagne. Napoléon a chassé seulement les esprits malfaisants du fleuve et de la montagne qui tourmentent l'homme ou le précipitent dans le malheur. L'influence française a balayé de l'imagination rhénane tous les débris des mythes germaniques. Vainement Grimm et les savants d'outre-

Rhin se sont-ils efforcés de les réintroduire. Les Rhénans sont satisfaits de cette libération.

Page 224 :

(1) Jeanne d'Arc appartenait au diocèse de Toul, qui relevait de la métropole de Trèves. En Lorraine, nous n'avions pas de grands moyens, mais nous nous sommes toujours bien conduits envers Jeanne, et je dis avec orgueil que l'évêque de Toul André du Saussay, suffragant du siège de Trèves, dans son *Martyrologium gallicanum* (Paris, 1638), place Jeanne parmi les personnages « morts en odeur de sainteté » et honore son « martyre » à la date du 29 juin.

FIN

BIBLIOGRAPHIE
ALLEMANDE SOMMAIRE

On connaît les travaux qui, dans ces dernières années surtout, ont été consacrés par des écrivains français aux questions rhénanes; nous croyons être utile en indiquant les ouvrages allemands sur lesquels s'appuient nos leçons.

Ouvrages généraux :

Julius BACHEM. *Die Vereinigung der Rheinlande mit Preussen*, 1915, Cologne.

Josef HANSEN. *Jubiläumschrift zur Vereinigung der Rheinlande mit Preussen*, 1918.

FASSBENDER. *Westdeutschland los von Preussen*, 1919.

August BECKER. *Die Pfalz und die Pfälzer*, 1918, 2e édit.

W.-H. RIEHL. *Die Pfälzer*, 1858, Stuttgart.

Les préfets napoléoniens :

BLESSIG. *Erinnerungen an Lezay Marnesia*, 1914.

Les villes du Rhin :

HAAGEN. *Geschichte Aachens.*

NIESSNER. *Zwanzig Jahre Französenherrschaft am Niederrhein*, 1907, Aix-la-Chapelle.

RADEMACHER und SCHEVE. *Bilder aus Geschichte der Stadt Köln*, 1900, Cologne.

BENDER. *Illustrierte Geschichte der Stadt Köln*, 1912.

KENTENICH. *Geschichte der Stadt Trier*, 1915.

Julius WEGELER. *Beiträge zur Geschichte der Stadt Koblenz*, 1882, 2e édit.

Julius WEGELER. *Galerie berühmter Koblenzer.*

BOCKENHEIMER. *Geschichte der Stadt Mainz während der zweiten französischen Herrschaft*, 1896, Mayence

Les légendes du Rhin :

Les vieux recueils d'Aloys Wilhelm SCHREIBER, Nicolas VOGT (1817-1836, 4 vol.), Alfred REUMONT (1837), Karl GEIB (1843), J. KIEFER (1845), Karl SIMROCK (Leipzig, Hesses Verlag), Wilhelm RULAND (Cologne, Rheinverlag Hoursch u. Bechstedt).

M. PAULY, *Perlen aus dem Sagenschatz des Rheinlands*, 1917, Cologne.

Wilhelm SCHÆFER. *Rheinsagen*, 1914, Munich.

Philipp LAVEN. *Trier und seine Sagen*, 1851.

Karl HESSEL. *Rheinsagen*, 1909; — *Moselsagen; — Sagen des Nahetals.*

Freiin VON EYNATTEN. *Eifelsagen*, 1891, Trèves.

F.-W. HEBEI. *Pfälzische Sagen*, 1919, Kaiserslautern.

Wilhelm VON WALDBRUEHL. *Die Wesen der niederrheinischen Sagen*, 1857, Elberfeld.

Dr Otto BŒCKEL. *Die deutsche Volksage*, 1914.

Alexander KAUFMANN. *Quellenangaben zu Simrocks Rheinsagen*, 1862.

Wilhelm HERTZ. *Gesammelte Abhandlungen (Lorelei)*, 1905.

Les institutions charitables :

KRABBE. *Leben Bernhard Overbergs*, 1896, Münster.

Otto PFUELF. *Ketteler*, 2 vol.

BRUECK. *Adam-Franz Lennig.*

Otto PFUELF. *Geissel.*

BRUECK. *Die katholische Kirche in Deutschland im XIX. Jahrhundert.*

Clément BRENTANO. *Die barmherzigen Schwestern in Bezug auf Armen- und Krankenpflege*, 1852, Mayence, 2e édit.

Josef Gœrres. *Kirche, Staat und Cholera, Betrachtung über das Buch « Die barmherzigen Schwestern »*, 1832, Francfort.

J. Erimetes (Prof. J.-F. Buss). *Der Orden der barmherzigen Schwestern*, 1844, Schaffhausen.

Wilhelm Hohn. *Die Nancy-Trierer Borromäerinnen in Deutschland*, 1899, Trèves.

Alfred Hueffer. *Paulina von Mallinckrodt*, 1903, Münster.

Otto Pfuelf. *Clara Fey*, 1908, Fribourg.

Jeiber. *Françoise Schervier*, 1898, Fribourg.

Buider. *Luise Hensel*, 1904, Fribourg.

La vie économique du Rhin :

Richard Zeyss. *Die Enststehung der Handelskammern und die Industrie am Niederrhein während der französischen Herrschaft*, 1907, Leipzig.

Mathieu Schwann. *Geschichte der Kölner Handelskammer*, 1906, Cologne.

Festschrift der Mainzer Handelskammer, 1898.

Thun. *Die Industrie am Niederrhein und ihre Arbeiter*, 1870.

Josef Hansen, Gustav von Mevissen (1906, Berlin, 2 vol.).

Anna Caspary, Ludolf Camphausen (1902, Stuttgart).

Doktor Bergengruen, David Hansemann (1901, Berlin).

Qu'il me soit permis de signaler à titre documentaire, les discours où j'ai essayé d'e oser à la Chambre la Politique rhénane : dans la *discussion du projet de loi portant approbation du traité de paix de Versailles* (Journal officiel du 30 août 1919) ; — *sur le désarmement matériel et moral de l'Allemagne* (J. off., 7 février 1920) ; — *Aidons la Rhénanie à s'organiser* (J. off., 28 mars 1920) ; — sur *la politique de la Ruhr* (J. off., 31 juillet 1920) ; — sur *le ravitaillement des mineurs de la Ruhr* (J. off., 18 décembre 1920).

TABLE

Cet ouvrage a été achevé d'imprimer par

Plon-Nourrit et Cie

le 8 mars 1921.

ŒUVRES COMPLÈTES DE MAURICE BARRÈS

Édition à tirage limité, dans le format in-8° écu, comprenant des exemplaires sur chine, sur hollande, et 1100 exemplaires sur papier pur fil des papeteries Lafuma.

LE CULTE DU MOI

Sous l'œil des Barbares.
Un homme libre.
*Le Jardin de Bérénice . . . . 1 vol.

LE ROMAN DE L'ÉNERGIE NATIONALE

*Les Déracinés . . . . 2 vol.
L'Appel au soldat.
Leurs Figures.

LES BASTIONS DE L'EST

Au service de l'Allemagne.
Coïette Baudoche. *Histoire d'une jeune fille de Metz.*
*Le Génie du Rhin. . . . . 1 vol.

CHRONIQUE DE LA GRANDE GUERRE

*I. (1ᵉʳ février-4 octobre 1914) . . . . 1 vol.
*II. (14 octobre-31 décembre 1914) . . . —
*III. (1ᵉʳ janvier-11 mars 1915) . . . . —

L'Ennemi des lois.
Du sang, de la volupté et de la mort . . . 1 vol.
Amori et Dolori sacrum. (La mort de Venise.)
Les Amitiés françaises.
Scènes et doctrines du nationalisme.
Le Voyage de Sparte.
Greco ou le Secret de Tolède.
La Colline inspirée.
Huit jours chez M. Renan.
La Grande Pitié des Églises de France.
En regardant au fond des crevasses.
Les Familles spirituelles de la France.

Les volumes précédés d'un astérisque sont en vente (mars 1921).

PARIS. — TYP. PLON-NOURRIT ET Cⁱᵉ, 8, RUE GARANCIÈRE. — 25901.

www.ingramcontent.com/pod-product-compliance
Lightning Source LLC
LaVergne TN
LVHW051102060726
842525LV00003B/750